© 2021 Aurélien Calonne

Couverture : Ritratto di Stefano IV Colonna, Bronzino, 1546

ISBN : 978-2-9554300-2-6
Dépôt légal : Mars 2021

OPERA NOVA

DE ACHILLE MAROZZO BOLOGNESE,

MAESTRE GENERALE DE L'ARTE DE L'ARMI.

1536

Transcription et traduction par Aurélien Calonne

ACHILLE MAROZZO

TABLE DES MATIÈRES

Opera Nova Livre 1	1
Glossaire	98
Les gardes	101
Schéma des déplacements	114
Schéma des frappes	116
Notes sur la transcription	118
Notes sur la traduction	119
Remerciements	120
A propos de l'auteur	121

ACHILLE MAROZZO

OPERA NOVA
LIVRE 1

ACHILLE MAROZZO

OPERA NOVA

ACHILLE MAROZZO

Capitolo primo del modo che tu hai a tenere volendo ad altri insegnare, cioe nel principio quando tu li metterai le arme in mano.

A laude e gloria dello omnipotente Dio e del la sua madre madonna santa Maria e de Miser san Bastiano e de M. santo Rocho e del cavaliere Miser santo Gerogio e di tutti li altri santi e sante de Dio in questo libro componero piu e piu cose de l'arte del scremire accioche tu te possi redurre a memoria tutto quello, che da me tu hai imparato: e questo facio se per alchuno tempo tu non exercitassi tale mestiero che tu tel possa arrecordare.

E avisandote che cioche sera qui scritto in questo libro pochi lo intenderanno salvo, che tu, e coloro, liquali havesseno bene imparato da me & ancho agran faticha lo potranno intendere, conciosia cosa che loro non hanno tanto exercitato come tu,

nientedimeno io te aviso che questo alcune fiata tu lo debbi leggiere e da poi in pratica exercitare con la spada in mano, accioche con pocha faticha el te possa questo tornar a fantasia. Maxime la prattica del gioccare e dello insignare,

a ben che io te conforto che tu non debbi fare tale mestiero cioe tale arte, perche e gli di gran pericolo, ma cioche ti dico se la fortuna te producesse fare cotale arte io voglio che tu sappi quello che tu di fare & perho io te componero el modo e la via che tu haverai a tenere ansegnare alli toi scholari,

adonque al nome de Dio inanzi che tu li metti la spada in mano tu li dirai quello che tu vorrai da loro, adoverli insegnare de quelle arme che a loro piacera & come tu serai daccordo, alhora al nome de Dio e della sua madre e del Cavaliere M. san Giorgio tu li metterai la spada inmano, e in su laquale tu li darai adintendere che cosa e filo dritto, e che cosa e filo falso de la ditta spada

Chapitre. 1. De la marche à suivre quand on veut enseigner aux autres, c'est-à-dire au début quand tu leur mettras les armes en main.

Je rends grâce à Dieu, glorieux et tout puissant, à sa mère la vierge Marie, à saint Sébastien, à saint Roch, au chevalier saint George et à tous les autres saints et saintes de Dieu. Dans ce livre, je disserterai tant et plus des choses de l'art de l'escrime pour que tu puisses te remémorer tout ce que tu as appris de moi. Et cela est fait pour que tu puisses t'en souvenir si tu ne peux pas pratiquer cet art pendant un certain temps.

Je t'informe que peu sont ceux qui comprendront ce qui est écrit dans ce livre en dehors de toi et de ceux qui auront bien appris avec moi. Quant à ceux qui n'auront pas autant d'expérience que toi, ils pourront tout de même le comprendre, mais avec de grands efforts.

Je ne t'en avise pas moins que tu dois le lire plusieurs fois et ensuite t'exercer à pratiquer avec l'épée en main de sorte qu'avec peu d'effort il te sera possible de refaire tout ceci à volonté, principalement pour la pratique du jeu et pour l'enseignement.

Bien que je t'exhorte à ne pas faire cet ouvrage, c'est-à-dire cet art, parce qu'il est d'un grand péril, je te dis que si la fortune te pousse à utiliser celui-ci, je veux que tu saches ce que tu dois faire. Pour cela, je te composerai les façons et les voies que tu devras suivre pour enseigner à tes élèves.

Ainsi, au nom de Dieu, avant que tu ne leur mettes l'épée en main, tu leur diras ce que tu veux d'eux sachant que tu dois leur enseigner des armes qui leur plaisent. Quand tu seras d'accord, alors au nom de Dieu, de la Sainte Vierge et du chevalier saint George, tu leur mettras l'épée en main et tu leur feras comprendre sur celle-ci quel est son droit fil et quel est son faux fil.

e fatto questo tale amaestramento tu lo metterai aliscontro del ditto segno ilquale sera segnato innel muro, e alqual segno li sara in li soi luochi le littere che demostraranno tutte le botte principale che se tranno in la spada, cossi da due mane come da una, cioe mandritto tondo, mandritto, fendente, mandritto sgualembrato, mandritto redoppio, e falso dritto & ancho montante, e sappi che da la parte dritta comencia tutte queste botte e da la mancha li sera le littere che dimostreranno roverso tondo, e roverso sgualembrato, roverso fendento, e roverso reddopio, e falso mancho, e falso e dritto e falso e roverso, Si che intel principio tu li darai ad intendere che cosa e dritto e roverso, faciandolo ogni giorno trare scontra del ditto segno, ilquale segno io tel disegnaro in questo libro accioche tu non tel dismenteghi,

ma guarda ben che tal segno sia proprio come e lalfabetho, tu sai ben che quando uno va alla schola de legiere le di bisogno che lui impari prima el ditto alfabetho, perche di quello ne esce tutte le littere, e cusi fa del ditto segno di quello ne esce tutte le botte. Imperho tu li farai prima fare tutti quelli feriri inanzi e indrieto, accioche lui possa fare, praticho intel trarre dele botte e farali tirare longhi e distese con le sue bracie per in fino a tanto che loro ti saranno dire tutti li nomi di queste botte,

E quando a te parera che loro saranno fare le ditte botte e li loro nomi, alhora tu li principiarai il gioccho che loro vorranno imparare o spada o rodella o spada e targha o brochiere largo, o stretto, o de spada sola o de qualonque altre sorte de armi che loro volesseno imparare.

Sappi che quando tu li darai tal principio, ne megio ne fin fa che tu li meni in la camera che non li sia alchuno, salvo se non fusseno anchora loro di quella medesima lecione, alhora tu non te guardarai da quelli perche imparano meglio luno per laltro, e non sanno da vergognare:

Ayant montré cela, tu les mettras en face du schéma qui sera dessiné au mur et qui leur montrera les lettres qui sont toutes les bottes principales qui se font avec l'épée, que ce soit à deux mains ou à une main. C'est-à-dire le *mandritto tondo*, le *mandritto fendente*, le *mandritto sgualembrato*, le *mandritto redoppio*, le *falso dritto* et encore le *montante*. Et sache que tous ces coups commencent du côté droit. À la gauche seront les lettres qui montrent le *roverso tondo*, le *roverso sgualembrato*, le *roverso fendente*, le *roverso redoppio*, le *falso manco*, le *falso* et le *mandritto* et le *falso* et le *roverso*. Ainsi au début, tu lui feras comprendre ce qu'est un *mandritto* et ce qu'est un *roverso* en le faisant travailler tous les jours face à ce schéma que je te dessinerai dans ce livre afin que tu ne l'oublies pas.

Et comprends bien que celui-ci est juste comme l'alphabet. Tu sais bien que quand on va à l'école de lecture, il est nécessaire d'apprendre en premier l'alphabet, car de celui-ci naissent tous les écrits. De même est fait ce schéma, de celui-ci naissent toutes les bottes. Ainsi tu leur feras d'abord pratiquer toutes ces frappes en avant et en arrière de sorte qu'ils puissent avoir de l'expérience dans la frappe des bottes, lesquelles tu les leur feras tirer avec les bras tendus et allongés jusqu'à tant qu'ils sachent te dire les noms de chacune d'entre elles.

Quand il te paraîtra qu'ils seront capables de faire ces bottes et de les nommer, alors tu commenceras le jeu qu'ils veulent apprendre que ce soit à l'épée avec rondache, ou avec targe, petite ou large bocle, à l'épée seule ou avec n'importe quelle autre arme dont ils voudront s'instruire.

Sache que lorsque tu en seras au début, non pas au milieu ou à la fin, fais en sorte de les mener dans la salle pour qu'ils soient seuls en dehors de ceux qui apprennent la même leçon et dont tu ne te garderas pas, parce qu'ils apprendront mieux les uns avec les autres et qu'ils n'auront pas de honte.

perche iglie alchuno maxime la magiore parte che intel principio se vergognano ad imparare publicamento, e invero hanno ragione, perche naturalmente inel principio tuti se temano e anchora imparando publicamente non hanno il core a quello che li insegna el maestro, conciosia cosa che loro hanno sempre paura de non essere beffati da alchuni che staghano a vedere, et per questo tale respetto tu li insegnarai secretamente,

& anchora te dicho che quando tu li harai insegnato quelle botte che a te parera, cioe andare al gioco, e la partita el tornare indietro. Voglio che tu el fazi praticare le cose lequali tu li hai insegnato, quatro, o cinque giorni conti prima & dapoi che lui sara fare ben li feriri e li paratti che tu li haverai insegnato voglio che tu lo comenzi a examinare de guardia in guardia, maxime in porta di ferro largha, o porta di ferro stretta, o alta e in codda longha, e alta, e in coda longha e stretta & anche incingleiara porta di ferro e in guardia alta, e in codda longha e distesa e fa quando tu farai tale examinatione chel non li sia alchuno, salvo se non fusse qualche scholare de li tuoi vechi, perche da quelli non voglio che tu te guardi.

Capitulo secondo delli parati e delli feriri.

E anchora te dicho che tu non li dia mai ferire senza il suo parato e cusi paratto senza il suo ferire e se cosi farai non potrai fallire.

Capitolo terzo della praticha che de fare el Maestro con li scholari.

Et anchora te dicho che quando tu haverai fatto la ditta examinatione e dattoli adintendere, il pro, el contra de cioche tu li harai insegnato, voglio che tu lo fazi praticare con ti parechi giorni, e tuttavia emendarlo dove il fallisse e tralli bone

Cela est fait parce que certains, et généralement la majorité, ont honte d'apprendre publiquement au début. Et ils ont raison en réalité, car ils sont tout naturellement effrayés au commencement. Et si on les fait apprendre publiquement alors ils n'auront pas le cœur à ce que leur enseigne le maître parce qu'ils auront toujours peur d'être moqués par ceux qui sont venus regarder. Ainsi pour respecter cela, tu leur enseigneras secrètement.

Je te dis également que quand tu leur auras enseigné les bottes qu'il te plaira, c'est-à-dire l'aller au jeu, les parties et le retour en arrière, je veux que tu leur fasses pratiquer d'abord les choses que tu leur as enseignées durant quatre ou cinq jours avec toi. Ensuite, quand ils sauront bien faire les attaques et les parades que tu leur auras instruites, je veux que tu commences à les examiner de garde en garde, généralement en *porta di ferro larga* ou en *porta di ferro stretta* ou en *porta di ferro alta*, et en *coda longa e alta*, et en *coda longa e stretta*, et également en *cinghiara porta di ferro*, en *guardia alta*, et en *coda longa e distesa*. Mais fais en sorte que quand tu feras cet examen qu'il n'y ait pas d'autres personnes sauf s'il s'agit de tes anciens élèves parce que je ne veux pas que tu te gardes de ceux-là.

Chapitre 2. Des parades et des attaques.

Je te dis également que tu ne dois jamais faire de frappe sans sa parade, et ne jamais faire de parade sans sa frappe. Et si tu fais ainsi, tu ne pourras pas faillir.

Chapitre 3. De la pratique que le maître doit faire avec les élèves.

J'affirme aussi que lorsque tu auras examiné et que tu leur auras expliqué les attaques et les parades que tu leur auras enseignées, je veux que tu les fasses pratiquer avec toi pendant de nombreux jours afin que tu puisses ainsi les corriger quand

cortellate, et forte, accioche loro se faciano boni parattori et forti di braccie:

depoi quando che tu haverai fatto questo chel te parra a te che loro sieno da metterli a gioco, alhora tu torrai uno delli tuoi scholari vechi che sia bono giocatore e piacevole sel fara giocare con lui e dirai al ditto scholare vechio che non li facia dispiacere alchuno in fino a quatro o sei volte, e alhora mettendo el ditto scholare a giocho loro, den fare una colatione a tutti li scholari nuovi, et aquello ilquale giocara con loro, e questo se fa per fare fradelanzia luno scholare con laltro.

Cap. 4 dela prohibitione del giochare deli scholari novi.

E anchora te dico che tu non lassi mai giocare nessuno delli ditti scholari nuovi se sempre tu non li sei alla presentia per in fino a parechi giorni, e questo fa percio perche fallando loro tu li potrai emendare e darlli adintendere el modo che se ha atenere, gioccando con altro che con el maestro, perche giocando loro con altro potrebono pigliare qualchi costumi tristi, e haresti poi piu faticha a emendarli

si che non ti dismenticare che le differenza a praticare con li scholari che non e con el Maestro che li ha insegnato, e questo durera piu e piu giorni questo praticare, inanzi che loro habino preso bona praticha, avengha Iddio che loro habiano molta Theorica, si che per tanto io te ne face avertito.

Cap. 5 dela munitione del passegiare.

Anchora te dico che insegnando alli tuoi scholari, maxime de Armi da filo, cioe Targha e rottella e brochiere largo e spada sola e spada e cappa spada e pugnale e de due spade. E de pure assai altre sorte de armi che tu sai fa che te sempre li insegni il passegiare de guardia in guardia cosi inanze come

ils faiblissent et leur tirer de bonnes et fortes attaques de manière à ce qu'ils réalisent de bonnes parades et qu'ils soient forts des bras.

Ensuite, lorsque tu auras fait ceci et qu'il te paraîtra qu'ils seront bons à mettre au jeu, tu prendras l'un de tes anciens élèves qui est un joueur bon et plaisant, et tu les feras jouer avec lui. Tu diras à cet ancien élève qu'il ne leur fasse aucune peine jusqu'au quatrième ou sixième tour. Alors, ayant mis cet élève au jeu, tu le feras combattre contre tous les nouveaux élèves et celui-ci jouera avec eux. Cela est fait afin de créer de la fraternité entre les élèves.

Chapitre 4. De l'interdiction de jouer aux nouveaux élèves.

Je déclare pareillement qu'il ne faut jamais laisser jouer aucun de ces nouveaux élèves si jamais tu n'es pas présent pendant plusieurs jours. Cela afin que tu puisses les corriger et leur faire comprendre les façons à respecter quand ils jouent avec d'autres personnes que le Maître. Parce que s'ils ne jouent pas avec toi, ils pourraient bien prendre quelques mauvaises habitudes et tu auras ensuite beaucoup de mal à les corriger.

Pour cela, tu n'oublieras pas qu'il est différent de pratiquer avec des élèves ou avec le Maître qui lui a enseigné, et il se passera beaucoup de jours de pratique avant qu'ils n'arrivent à avoir une bonne expérience. Dieu veut qu'ils aient beaucoup de Théorie, afin que je te conseille en conséquence.

Chapitre 5. De l'admonition des déplacements.

Je te dis aussi que si tu enseignes à tes élèves principalement des armes tranchantes, c'est-à-dire de la targe, de la rondache, de la large bocle, de l'épée seule, de l'épée avec la cape, de l'épée et du poignard, des deux épées, et de beaucoup d'autres sortes d'armes que tu connais, enseigne-leur toujours

in drietto e de lado e per traverso e in ogni maniera che sia possibile e insignarli de acompagnare la man con il piede, el piede con la mao, altramente tu non farissi cosa bona,

si che per tanto se tu te adesmenticasse lordine del detto passeggiare io tel dissegnaro in questo, come tu potrai vedere chiaramente, ma taricordo bene che insegnando il passegiare sopra di tal segno, tu linsegnerai in loco dove non sia gente che a te non piacesse, maxime se li fusse scholari daltre schole, & questo facio perche el non te sia usurpato il to fondamento etiandio il tuo insegnare.

Cap. 6 del giuramento che de dare el Maestro ali scholari.

Anchora te dico che quando tu li vorrai comenciare tu li dirai in questo modo, Fativi in qua figlioli & fratelli mei: io voglio che vui giurate qui in su questo elzo de spada, laquale sia la croce de Dio: In prima de non venire mai contra al vostro Maestro e anchora de non insegnare mai a persona alchuna quello che dame vui imparariti senza mia licentia, Alhora fatto questo tu li comenciarai.

Idem.

Alla ditta examinatione di precio tu li mostrerai che loro giocando o facesseno a cortellate non possano trarre botta alchuna che non vadano tutta via in guardia, come piu oltra te diro in questo, e chiarerotti de ogni cosa pro, e contra de cioche se potra fare.

les déplacements de garde en garde, en avant comme en arrière, sur le côté et de travers, et de toutes les manières possibles. Enseigne-leur à accompagner la main avec le pied et le pied avec la main, autrement tu ne feras pas de bonnes choses.

Si néanmoins tu oublies les règles de ces déplacements, je te les dessinerai ici comme tu pourras le voir clairement. Mais souviens-toi bien que si tu veux enseigner les déplacements de ce schéma, tu le feras dans un lieu où il n'y a personne qui te déplaise, par exemple des élèves d'autres écoles, car de cette façon les fondations mêmes de ton instruction ne pourront pas être volées.

Chapitre 6. Le serment que doit donner le Maître aux élèves.

J'affirme de même que quand tu voudras commencer, tu leur parleras de cette façon : «Approchez-vous, mes frères et fils : je veux que vous prêtiez serment sur la garde de cette épée, laquelle est la croix de Dieu. Premièrement, de ne jamais venir vous opposer à votre Maître. Également, de ne jamais enseigner à d'autres personnes ce que je vous enseigne sans ma permission». Alors cela fait, tu commenceras.

Idem.

Lors de cet examen de mérite, tu leur montreras que quand ils jouent ou qu'ils combattent, ils ne pourront pas tirer d'autres bottes que celles qui vont dans une des gardes, comme beaucoup d'autres fois je te le dirai. Et je te nommerai toutes ces choses, les attaques et les contres, qui pourront se faire.

Cap. 7 perche se da el giuramento alli scholari.

E sappi che tale giuramento se fa solo perche iglie certi come sanno tenere la spada in mano, vanno mostrando adaltri e ti sentendo allhora alcuni deli tuoi scholari che andasseno monstrando quello che tu li hai insegnato fa che a Quelli tu non li insegni mai cosa vera, etiamdio fa che tu non lo emendi mai de nessuno suo sallo quando lui giocchasse con alchuno. E a questo modo se, vegnirano castigando, e credendo loro di sapere assai, & conciosiacosa che maistri son diventati si che essendo maistri loro non si poranno mai lamentare di te: per che quando loro dicesseno chetu li dovesti insignare alhora tu responderai, dicendo alloro Io me vergognaria, de insegnare a uno che sia maestro conciosiacosa che adaltri vai insegnando, Non hai tu vergogna a imparare daltrui che potria dire li tuoi scholari, si che a questi talli dalli tale resposta.

Capitolo 8 dela prohibitione del contrastar uno scholare con laltro.

Anchora per utilita di te e delli ditti tuoi scholari, non glie lassare mai insieme contrastare dove sia alchuno che a te non piacesse, etiamdio per nessuno modo perche alloro non e utilita :

Ma quando loro havesseno volonta de fare qualche prese, o vero botte de meza spada alhora aquelli dilli che debbiano provare le tale prese, o vero botte giocando accioche per pratica loro le venghano imparando aricordando a ciaschuno che contrastando de piana tutte le prese, over botte venghano fatte,

ma se uno sera de un canto della schola, e laltro da laltro canto giocando loro insieme veneranno le prese, o vero botte imparando, si che non te dismenticare de dare alli tuoi scholari tale amaestramento,

Chapitre 7. Pourquoi le serment est donné aux élèves.

Sache que ce serment se fait seulement parce qu'il y en a certains qui, sachant comment tenir l'épée en main, vont le montrer aux autres. Donc si tu entends que certains de tes élèves vont montrer ce que tu leur as enseigné, alors ne leur enseigne plus jamais de choses vraies, aussi ne les corrige jamais de leurs erreurs quand ils jouent avec un autre, et de cette façon ils se verront punis en pensant bien savoir et être devenus maîtres. Et étant donc maîtres, ils ne pourront jamais se plaindre à toi, parce que quand ils diront que tu dois leur enseigner, alors tu leur répondras : « J'aurais honte d'enseigner à quelqu'un qui est maître et qui pour autant enseigne à d'autres. Toi, n'as-tu pas honte d'apprendre des autres ? Que pourraient dire tes élèves ? » Donc à de telles questions, telles réponses.

Chapitre 8. De l'interdiction d'opposer un élève avec un autre.

Également pour ton profit et celui de tes élèves, ne les laisse jamais combattre ensemble même s'il y en a un qui ne te plaît aucunement, parce qu'alors cela n'est utile d'aucune façon.

Quand ils voudront faire certaines prises, ou bottes de la mi-épée, à ceux qui disent qu'ils doivent essayer celles-ci en jouant de sorte qu'ils les apprennent par la pratique, rappelle-leur donc que l'opposition lente de toutes les prises, ou bottes, leur sera faite.

Car si l'un est dans un coin de l'école et l'autre de l'autre côté, en jouant ensemble ils viendront aux prises ou aux bottes apprises. Donc n'oublie pas de donner à tes élèves cet enseignement.

perche io voglio che tu sappi che le uno bello mestiero a sapere bene isegnare adaltri piu che non e sapere giocare per lui, perche uno homo che sa bene giocare: e non fa insegnare, el non e bon se non per lui solo: ma uno che sapia bene insegnare, e bono per pur assai persone, ma sappi che quando uno sa fare luno e laltro, l'e doppia virtu, e sono dui mistieri.

Cap. 9 della diffinitione deli amaestramenti.

Hora nota che al presente non te daro piu amaestramenti, perche io sono sforzato adare principio a molti giochi darmi differenciati luno da laltro, e sarano differenciate aiere de pure assai sorte, come in questo tu potrai vedere: In prima daremo principio a larte del Brochiero picolo, e poi discorreremo de mano inmano con la gratia de Dio, e della sua madre Madonna Santa Maria che sempre sian laudati.

Et je veux que tu saches que c'est un beau métier de savoir bien enseigner à autrui, plus qu'il n'est de savoir bien jouer pour soi-même. Car celui que sait bien jouer, mais ne sait pas enseigner, n'est bon que pour lui-même. Mais celui qui sait bien enseigner est bon pour beaucoup de personnes. Et sache que ceux qui font l'un et l'autre sont de doubles vertus et ont deux métiers.

Chapitre 9. La fin des démonstrations.

Maintenant, note qu'à présent je ne te donnerai pas plus de démonstrations parce je me suis forcé à donner le début de beaucoup de jeux avec des armes différentes les unes des autres, jeux qui aussi seront différents de bien des façons comme tu pourras le voir. En premier, je donnerai le début de l'art de la petite bocle et puis je parlerai de main en main avec l'aide de Dieu et de sa mère la vierge Marie, loués sont-ils.

ACHILLE MAROZZO

OPERA NOVA

Capitolo 10 del primo assalto de giocho largo de Spada e Brochiere.

Hora qui principiaremo il primo asalto de Spada e brochiero stretto che sera molto bello & utile per giochare & per insegnare. Siche nota: Prima le debisogno che tu vaddi a gioco per atrovare il compagno,

ma io voglio che tu te metta da uno canto della sala con il tuo brochiere, sotto la tua lasina manca, cioe in sul galon, el tuo pie dritto apresso del manco tirato polito, e con la spada in coda longa e larga, con il tuo braccio disteso, e la persona dritta, e galante quanto sia possibile: Qui voglio che tu butti il tuo pie dritto inanci, e con questo buttare voglio che tu batti il falso della spada in la copola del brochiere, e in questo battere tu voltarai la ditta copola inverso della tua facia,

& deli tu butterai el tuo pie mancho uno gran passo dinanzi pel dritto, e in questo buttare, tu farai uno rettocho de brochiere, e metterai la spada in guardia di testa con le bracia ben distese, & de li tu volterai la ponta della spada inverso terra, cioe con el falso verso il tuo brochiero, e alhora tu baterai del ditto falso intel brochiere, cioe tu tirerai alinsuso alto con la tua man dritta, e in questo tirare, tu farai uno molinello con el tuo pie dritto un gran passo dinanci del mancho alinsuso, e defatto tu ne farai uno altro con el pie mancho inanci elquale andera sopra el bracio del brochiere, e li toccherai el brochiero con il pomo della Spada da lato dentro in la penna, & de li butterai, el pugno della spada dinanci del tuo brochiero volto pure con la ponta inverso terra, & in questo voltare tu tirerai pure de uno falso intel Brochiere alinsuso, & in questo tirare tu butterai il pie dritto inanci e si monterai de uno montante tirando defatto el pie dritto apresso del mancho e la tua spada andara in guardia alta il tuo brochiero disteso,

Chapitre 10. Du premier assaut du jeu large de l'épée et de la bocle.

Maintenant, nous commencerons ici le premier assaut de l'épée et de la petite bocle qui sera très beau et utile pour jouer et pour enseigner. Note donc qu'en premier il est nécessaire que tu ailles au jeu pour trouver ton compagnon.

Je veux que tu te mettes dans un coin de la salle avec ta bocle sous ton aisselle gauche, c'est-à-dire sur ta hanche, ton pied droit proprement tiré auprès du gauche, et l'épée en *coda longa e larga* avec le bras tendu et le corps droit et élégant autant qu'il soit possible. Ici, je veux que tu jettes ton pied droit devant, et dans ce pas je veux que tu battes le *falso* de l'épée dans l'umbo de la bocle. Dans ce battement, tu tourneras cet umbo vers ta face.

De là, tu jetteras ton pied gauche d'un grand pas devant le droit et dans ce pas, tu feras une retouche de la bocle et tu mettras l'épée en *guardia di testa* avec les bras bien tendus. Tu tourneras ensuite la pointe de l'épée vers le sol, c'est-à-dire avec le *falso* vers ta bocle, et tu battras alors ce *falso* dans la bocle, c'est-à-dire que tu tireras vers le haut avec ta main droite. Dans ce mouvement, tu feras un *molinello* en haut avec un grand pas du pied droit devant le pied gauche. Cela fait, tu en feras un autre qui ira par-dessus le bras de bocle avec le pied gauche devant. Là, tu toucheras le côté intérieur du rebord de la bocle avec le pommeau de l'épée. Puis tu jetteras le poing d'épée par-devant ta bocle en tournant bien la pointe vers le sol, et dans ce mouvement tu tireras bien un *falso* dans la bocle vers le haut. Tu jetteras le pied droit devant dans cette frappe. Puis tu monteras d'un *montante*, cela fait tu tireras le pied droit auprès du gauche, ton épée ira alors en *guardia alta* et ta bocle sera bien tendue.

ACHILLE MAROZZO

E poi tu taglierai uno fendente intella penna pel brochiere con el pie dritto indrieto, e defatto tu li tirerai il manco acanto del dritto e la tua spada serra in codda longa, e distesa, e poi tu butterai il ditto mancho inanci uno gran passo dinanci del dritto & in questo buttare tu farai uno rettocho de brochiero, e la tua spada andera in guardia di testa, tirando pure di novo a linsuso de uno falso in la copola del brochiere, & in questo tirare tu butterai il pie dritto un gran passo dinanzi del mancho, e se montarai de uno montante intel brochiere tirando subito el piede dritto apresso del mancho, e la tua Spada andara in Guardia alta con le bracie tue ben distese, el tuo galon mancho guardara piu alincontro verso el nemico che laltro, el tuo pie dritto ben disteso e tirate gallante,

essendo tu agionto, apresso del tuo nemico, le di bisogno, che tu sia agente, o patiente, ma preponiamo che tu sia agente, cioe principiatore del ferire, io voglio che essendo tu in guardia alta che tu cresce col pie dritto inanci, e che tu traghi uno mandritto sgualembrato che vada sopra il brazo, con el brochiero ben disteso per lo dritto dello inimico tirando subito el ditto pie dritto apresso del mancho, e se in quello tempo il tuo inimico te tresse per testa, o per gamba uno mandritto, o Roverso, o ponta, o Tramazon: io voglio che in tal tempo che tu cresse uno gran passo del ditto piede dritto inanci, e che tu tagli uno roverso sgualembrato intella penna del tuo brochiero, e la spada tua acalara in coda longa e stretta e sel tuo nemico te tirasse per testa, voglio che tu caci una ponta sotto el tuo brochiere che vada in la facia del tuo nemico con dui tramazoni acompagnati con la ditta ponta ferma, e la tua Spada accalara a porta di ferro stretta, e se alhora essendo in porta di ferro stretta il tuo nemicho te tirasse per testa, io voglio che tu acompagni la spada el tuo brochiero insieme in guardia di testa, e li parerai la sua botta e subito che tu harai parato tal botta, voglio che tu traghe uno mandritto tondo per le gambe tirando subito il piede dritto apresso del mancho, cressendo pure del ditto dritto inanzi e tirali uno roverso sgualembrato montando subito de

Tu tailleras ensuite un *fendente* dans le rebord de la bocle avec le pied droit en arrière. Cela fait, tu tireras le gauche près du droit et ton épée sera en *coda longa e distesa*. Tu jetteras ensuite ce pied gauche d'un grand pas devant le droit, et dans ce pas tu feras une retouche de la bocle et ton épée ira en *guardia di testa*. Tu tireras bien de nouveau un *falso* vers le haut dans l'umbo de la bocle, et dans ce tir tu jetteras le pied droit d'un grand pas devant le gauche. Puis tu monteras un *montante* dans la bocle en tirant aussitôt le pied droit près du gauche, et ton épée ira en *guardia alta* avec tes bras bien tendus et ta hanche gauche qui regardera plus à l'encontre de ton ennemi que l'autre, et ton pied droit sera bien tendu et tiré élégamment.

Étant arrivé auprès de ton ennemi, il sera nécessaire que tu sois agent ou patient. Mais supposons que tu sois agent, c'est-à-dire initiateur de l'attaque. Je veux qu'étant en *guardia alta* que tu avances avec le pied droit devant et que tu tailles un *mandritto sgualembrato* qui va par-dessus le bras, avec la bocle bien tendue vers l'ennemi. Et tu tireras aussitôt le pied droit près du gauche. Si pendant ce temps, ton ennemi te tire à la tête ou à la jambe un *mandritto* ou un *roverso* ou une *punta* ou un *tramazzone*, je veux que dans ce temps tu avances du pied droit d'un grand pas en avant et que tu tailles un *roverso sgualembrato* dans le rebord de ta bocle, et ton épée tombera en *coda longa e stretta*. Si ton ennemi te tire à la tête, je veux que tu pousses une *punta* sous ta bocle qui va au visage de ton ennemi, accompagnant cette *punta* ferme de deux *tramazzoni*, et ton épée tombera en *porta di ferro stretta*. Si alors en étant en *porta di ferro stretta* ton ennemi te tire à la tête, je veux que tu accompagnes ton épée et ta bocle ensemble en *guardia di testa*, et là tu pareras sa botte. Aussitôt après avoir paré celle-ci, je veux que tu tailles un *mandritto tondo* aux jambes en tirant aussitôt le pied droit près du gauche. En avançant bien ce pied droit vers l'avant, tu lui tailleras un *roverso sgualembrato* montant aussitôt avec un *montante* dans la bocle, et ton épée ira en *guardia alta* en

uno montante intel brochiere, e la tua spada andara in guardia alta tirando el pie ditto apresso del mancho acconciatto polito con le tue bracie ben distese,

e de li voglio che tu abellisci il giocho, cioe voglio che tu butti il pie dritto uno gran passo de drietto del mancho e che tu tagli uno fendente inella penna del brochiero tirando intal tagliare il pie mancho apresso il ditto, & subito tu rebuterai el ditto mancho inanzi: e si farai uno rettocho del brochiere, e fatto il ditto rettocho voglio che tu faci una meza volta de pugno, cioe tu volterai la ponta della spada tua inverso terra, e delli tu tocherai la copola del brochiero con el falso dela spada alinsuso e in tal tocare tu passerai del pie dritto uno gran passo dinanzi al mancho, e si monterai de uno montante per lo brochiero tirando fatto questo il ditto pie dritto apresso del manco e la tua spada andera in guardia alta, e con il brochiere ben disteso quanto sia possibile.

Seconda parte.

Essendo rimaso in guardia alta voglio che deli tu passi uno gran passo con el pie dritto inanzi che tu traghi uno mandritto sopra el bracio tirando subito il ditto pie dritto apresso del mancho, e deli voglio che tu passi con el ditto mancho inverso alle parte dritte delo inimico, & in tal passare tu li darai de uno roverso in la sua tempia dritta, & la tua spada non passera guardia de testa a uno tempo buttando il tuo pie dritto inverso le sue parte stanche & si li darai de uno fendente con uno tramazon in su la testa, el tuo pie mancho seguira il dritto per de drietto, e la tua spada non passara porta de ferro alta,

e sel tuo nemico te tirasse per testa come debitamente el de fare. Voglio che tu serri la spada insieme con il tuo brochiero alinanze, cioe in guardia di testa con le bracie tue ben distese, & li parerai la botta del nimico tuo, dandoli subito uno mandritto tondo per le gambe che vadda sotto braccio, tirando a un tempo

tirant le pied droit près du gauche, arrangé proprement avec tes bras bien tendus.

De là, je veux que tu embellisses le jeu, c'est-à-dire que je veux que tu jettes le pied droit d'un grand pas derrière le gauche et que tu tailles un *fendente* dans le rebord de la bocle en tirant dans ce coup le pied gauche près du droit. Tu rejetteras aussitôt ce pied gauche devant et alors tu feras une retouche de bocle. Ayant fait cette retouche, je veux que tu fasses une demi-volte du poing, c'est-à-dire que tu tourneras la pointe de ton épée vers le sol. De là, tu toucheras l'umbo de la bocle avec le *falso* de l'épée vers le haut et dans ce coup tu passeras du pied droit d'un grand pas devant le gauche. Puis tu monteras un *montante* par la bocle, en tirant cela fait le pied droit auprès du gauche, et ton épée ira en *guardia alta* avec la bocle bien tendue autant qu'il soit possible.

Deuxième partie.

Étant resté en *guardia alta*, je veux que de là tu passes devant d'un grand pas avec le pied droit et que tu tailles un *mandritto* par-dessus le bras en tirant aussitôt le pied droit auprès du gauche. Là, je veux que tu passes avec ce pied gauche vers le côté droit de l'ennemi, et dans ce pas tu lui donneras un *roverso* à sa tempe droite, et ton épée ne dépassera pas la *guardia di testa*. Puis en jetant en un temps le pied droit vers son côté gauche, tu lui donneras un *fendente* avec un *tramazzone* dans la tête, ton pied gauche suivra le droit par derrière et ton épée ne dépassera pas la *porta di ferro alta*.

Si ton ennemi te tire à la tête comme il le fait régulièrement, je veux que tu serres ton épée et ta bocle ensemble vers l'avant, c'est-à-dire en *guardia di testa* avec les bras bien tendus, et là tu pareras la botte de ton ennemi. Tu lui donneras aussitôt un *mandritto tondo* aux jambes qui va sous le bras et tu tireras en

gioso de uno roverso sgualembrato, & tratto che tu haverai il ditto roverso tu monterai de montante allinsuso, e in questo montare tu tirarai il pie dritto apresso del mancho,

allhora per abellire il gioco, tu butterai il pie dritto uno gran passo de driteo del manco e si taglierai uno fendente insula penna del brochiero con le bracia ben distese, & a uno tempo tu tirerai il pie manco apresso del dritto, e subito tu butterai il ditto mancho inanzi & in questo buttare tu li farai uno rittocho de brochiero, cioe con el pomo dela spada per el brochiere, e la tua Spada andera in guardia di testa con le bracia ben distese alinanci, e poi voltarai la ponta dela ditta spada inverso terra, & de li tu toccherai con el falso della spada de fuora del brochiere allinsuso passando intal toccare con il tuo pie dritto uno gran passo dinanzi del manco, & in questo passare tu monterai de montante in su la penna del brochiero alinsuso: Et la tua spada andara in guardia alta e con il pie dritto tirato apresso del mancho, el braccio del brochiero ben disteso per lo dritto, el polso della man guardera alinsuso el braccio dela spada ben polito, e disteso in guardia alta: cioe el pomo della spada guardara inverso la facia dello nimicho, el tuo pie dritto tirato.

Tertia parte.

Essendo rimaso in guardia alta, delli voglio che tu traghi uno tramazon a zinghiara porta di ferro, cioe con il tuo pie mancho inanzi alquanto per traverso verso alle parte dritte delo inimico e li aspettarai il ditto nimico che traga uno mandritto, o uno roverso, o ponta o tramazon per testa o per gamba tiri lui dove el si voglia acadauno de queste botte voglio che tu butti il tuo pie dritto dinanzi uno gran passo del sinistro, e in questo buttare tu parerai la botta de lo inimico del falso de la spada tua, e si li darai delo roverso ovorrai de mandritto per le gambe e se tu tirarai falso de roverso la tua spada andara in coda longa e stretta e se tu facesti falso e dritto la tua spada andara a porta de ferro larga,

un temps un *roverso sgualembrato* d'en bas. Dès que tu auras fait ce *roverso*, tu monteras un *montante* vers le haut, et dans ce mouvement tu tireras le pied droit près du gauche.

Alors pour embellir le jeu, tu jetteras le pied droit d'un grand pas derrière le gauche et là tu tailleras un *fendente* dans le rebord de la bocle avec les bras bien tendus. En un temps, tu tireras le pied gauche près du droit et tu jetteras aussitôt ce pied gauche devant. Dans ce pas tu lui feras une retouche de la bocle, c'est-à-dire avec le pommeau de l'épée vers la bocle, et ton épée ira en *guardia di testa* avec les bras bien tendus vers l'avant. Puis tu tourneras la pointe de ton épée vers le sol où tu toucheras l'extérieur de ta bocle vers le haut avec le *falso* de l'épée, en passant dans ce mouvement avec le pied droit d'un grand pas devant le gauche. Dans ce pas, tu monteras un *montante* dans le rebord de ta bocle vers le haut et ton épée ira en *guardia alta* avec le pied droit tiré près du gauche et le bras de la bocle bien tendu devant. Le poignet regardera vers le haut avec le bras d'épée proprement mis et tendu en *guardia alta*, c'est-à-dire que le pommeau de l'épée regardera vers le visage de l'ennemi et que ton pied droit sera tiré.

Troisième partie.

Étant resté en *guardia alta*, de là je veux que tu tailles un *tramazzone* en *cinghiara porta di ferro*, c'est-à-dire avec le pied gauche devant un peu en travers vers le côté droit de l'ennemi. Là, tu attendras que cet ennemi te tire un *mandritto* ou un *roverso* ou une *punta* ou un *tramazzone*, à la tête ou à la jambe, tirant là où bon lui semble. À chacune de ces bottes, je veux que tu jettes ton pied droit d'un grand pas devant le gauche, et dans ce pas tu pareras la botte de ton ennemi du *falso* de ton épée. Tu lui donneras alors un *roverso* ou un *mandritto* aux jambes. Si tu tires *falso* et *roverso*, ton épée ira en *coda longa e stretta*. Mais si tu as fait *falso* et *mandritto*, ton épée ira en *porta di ferro larga*.

e se alhora el tuo inimico te tirasse per testa uno mandritto tondo o fendente o tramazon, io voglio che essendo tu in ciacheduna de queste guardie che tu pari in filo de spada dritto acompagnando el pugno dela spada con il pugno del tuo brochiero polito, e la ponta dela tua spada guardera per la facia del tuo inimico, e li parerai la botta in sul fillo dritto, e parato che tu haverai el tramazon o ver mandritto tu li tirarai de uno roverso per la sua tempia dritta, o vorrai per le gambe fermo con il tuo pie dritto;

ma perho poniamo che lui te tirasse de novo per testa, io voglio che in tal tirare tu acompagni la spada con il tuo brochiero insieme in guardia di testa con le tue bracia ben distese, e li parerai un'altra volta la botta del nimico e parato che tu haverai la ditta botta tu li desnoderai uno mandritto tondo per le gambe che andara in guardia de sotto bracio & non lo fermando che tu tiri gioso de uno roverso sgualembrato montando subito de uno montante desotto insuso per la penna del tuo brochiere, tirando el pie dritto apresso del mancho, e la tua spada sera in guardia alta,

e delli tu abellirai il gioco, cioe tu butterai el pie dritto uno gran passo, el mancho de dietro e in tal buttare tu taglierai de uno fendente inella penna del tuo brochiere, e la spada tua andera in coda longa, e distesa tirando in tal tempo el pie mancho apresso del dritto cressendo subito del ditto mancho, e se farai uno rettocho de brochiere e la tua spada andera in guardia de testa con le tue bracia ben distese, & polite, e fatto che haverai el ditto retocho, tu volterai la ponta de la spada inverso terra, e si baterai del falso dela spada de fuora in la copola del brochiero alinsuso e se monterai de montante con il tuo pie dritto denanzi del mancho, tirando presto il ditto pie dritto apresso del mancho, e la tua spada andara in guardia alta con le tue bracia e gambe ben polite, & attillate.

Si alors ton ennemi te tire à la tête un *mandritto tondo* ou un *fendente* ou un *tramazzone*, je veux que depuis n'importe laquelle de ces gardes tu pares du droit fil de l'épée en accompagnant le poing de l'épée avec le poing de la bocle proprement et avec la pointe de ton épée qui regardera vers le visage de ton ennemi, là tu pareras sa botte sur le droit fil. Ayant paré le *tramazzone* ou le *mandritto*, tu lui tireras un *roverso* à sa tempe droite ou aux jambes, ferme avec ton pied droit.

Néanmoins supposons que lui te tire de nouveau à la tête, je veux que dans cette attaque tu accompagnes l'épée et ta bocle ensemble en *guardia di testa* avec tes bras bien tendus, là tu pareras une nouvelle fois la botte de l'ennemi. Ayant paré cette botte, tu lui délivreras un *mandritto tondo* aux jambes qui ira en *guardia de sotto braccio* et sans l'arrêter, tu tireras un *roverso sgualembrato* d'en bas qui montera aussitôt en *montante* de bas en haut dans le rebord de ta bocle en tirant ton pied droit près du gauche, ton épée sera en *guardia alta*.

De là, tu embelliras le jeu, c'est-à-dire que tu jetteras le pied droit d'un grand pas derrière le gauche et dans ce pas tu tailleras un *fendente* dans le rebord de ta bocle et ton épée ira en *coda longa e distesa* en tirant pendant ce temps le pied gauche près du droit. En avançant aussitôt ce pied gauche, tu feras une retouche de la bocle et ton épée ira en *guardia di testa* avec les bras bien tendus et proprement mis. Ayant fait la retouche, tu tourneras la pointe de ton épée vers le sol et tu battras alors du *falso* de l'épée de l'extérieur dans l'umbo de la bocle vers le haut et tu monteras en *montante* avec le pied droit devant le gauche. Tirant rapidement le pied droit près du gauche, ton épée ira en *guardia alta* avec les bras et les jambes bien proprement et bien ajustés.

Quarta parte del primo assalto.

Essendo rimaso in guardia alta, il tuo nimicho fusse come te: io voglio che tu passi inanzi uno gran passo del tuo pie dritto, e in questo passare, tu tirarai de uno mandritto tondo, che andera in guardia de sopra bracie, tirando subito il ditto pie dritto apresso del mancho facendo bono brochiero, e se in tal tempo che tu sei sopra bracio, il tuo nimico fusse sotto, o sopra, o in guardia alta, voglio che tu crescie del pie tuo dritto inanzi, e che tu spinge una ponta per la facia dello inimico per defuora dal suo lato dritto, e lui per paura dela ponta ditta la urtera con el falso della spada infuora, & descoprira le parte sinistre, e tu alhora li voltera uno roverso in falso per la sua tempia manca, e se lui volesse coprire la parte sopradita, tu li volterai de uno roverso per la sua cossa dritta, non movendo ne pie ne gambe, e presto per tuo riparo tu tornerai duno falso traverso alinsuso per lo suo bracio dritto, facendo in questo tempo una meza volta de pugno, e se taglierai de uno fendente intella penna del brochiere con el to pie dritto fugendo uno gran passo de drietto dal sinistro, & la tua spada andara in coda longa e distesa tirando il pie mancho apresso del dritto,

e deli tu abellirai il gioco cioe buttando il pie tuo mancho dinanzi dal dritto facendo in tal buttare uno retocho del brochiere e si anderai con la spada tua in guardia di testa con le tue bracie ben distese e polite, e deli tu farai una meza volta de pugno cioe voltando la ponta della spada tua inverso terra battendo a un tempo del falso della ditta spada intella copola del brochiere, paando inanzi del tuo pie dritto e si monterai in questo passare de uno montante in la penna del brochiero ben polito, e la tua spada andara in guardia di testa, tirando la gamba dritta alla mancha a presso e le tue bracie e gambe ben distese e polite el galon tuo mancho volto inverso delo inimico, e la man del tuo brochiero volto con il polso insuso.

Quatrième partie du premier assaut.

Étant resté en *guardia alta* et ton ennemi étant comme toi, je veux que tu passes devant d'un grand pas de ton pied droit et dans ce pas tu tireras un *mandritto tondo* qui ira en *guardia di sopra braccio* en tirant aussitôt ce pied droit près du gauche et en mettant bien ta bocle. Si pendant ce temps où tu es en *guardia di sopra braccio*, ton ennemi est en *sotto braccio* ou *sopra braccio* ou en *guardia alta*, je veux que tu avances de ton pied droit devant et que tu pousses une *punta* à la face de l'ennemi par l'extérieur de son côté droit. Lui par peur de cette *punta* la frappera avec le *falso* de l'épée à l'extérieur et il découvrira son côté gauche, tu lui tourneras alors un *roverso in falso* à sa tempe gauche. Si lui veut couvrir ce côté ci-dessus, tu lui tourneras un *roverso* à sa cuisse droite sans bouger les pieds ou les jambes. Pour te couvrir, tu tourneras rapidement un *falso* traversant vers le haut à son bras droit en faisant dans ce temps une demi-volte du poing, tu tailleras alors un *fendente* dans le rebord de la bocle en fuyant avec ton pied droit d'un grand pas derrière le gauche et ton épée ira en *coda longa e distesa* en tirant le pied gauche près du droit.

De là, tu embelliras le jeu, c'est-à-dire que tu jetteras ton pied gauche devant le droit en faisant dans ce pas une retouche de la bocle, tu iras alors avec l'épée en *guardia di testa* avec tes bras bien tendus et proprement mis. Là, tu feras une demi-volte du poing, c'est-à-dire que tu tourneras la pointe de ton épée vers le sol, battant dans un temps le *falso* de cette épée dans l'umbo de la bocle en passant devant de ton pied droit. Dans ce pas tu monteras alors bien proprement un *montante* dans le rebord de la bocle et ton épée ira en *guardia di testa* en tirant la jambe droite près de la gauche avec tes bras et jambes biens tendus et proprement mis, ta hanche gauche tournée vers l'ennemi et la main de la bocle tournée avec le poignet vers le haut.

Essendo ti rimaso in guardia di testa, el tuo nemico fusse in guardia alta, voglio che tu passi uno gran passo del pie dritto inanzi e che tu traghe uno mandritto sotto bracio, tirando de fatto il ditto pie ate, e sel tuo nemico te tresse per testa o per gamba voglio che in tal trare tu butti el tuo pie manco alquanto per traverso enverso alle parte dritte delo inimico, e che tu li traghe de uno roverso chel piglia dala testa, e cosi per le sue bracie infino alli piedi del suo lato dritto e la tua spada andara in coda longha e alta,

e se alhora el ditto tuo nemico te tresse per testa o per gambe voglio che tu butti el tuo pie dritto uno gran passo denante dal sinistro, e in questo buttare tu metterai la spada con el tuo brochiero stretto insieme e li parerai la botta del sopraditto, e parato che tu haverai tu li darai de uno mandritto per le gambe, & di subito ricoglierai el pie dritto apresso del sinistro, & ad uno tempo crescendo del ditto dritto, si tirerai gioso de uno roverso sgualembrato montando de montante, e la tua spada andara in guardia alta con el tuo pie dritto tirato apresso del sinistro,

& de li tu abelirai il gioco a modo usato: cioe con montare e tagliare e tocare de brochlero, e quando tu haverai tagliato e tocato del brochiero, & montato la tua spada andara in guardia di testa con le tue bracie ben distese & polite.

Quinta parte del sopraditto.

Essendo rimaso in guardia di testa el tuo nemicho fusse in guardia alta, o in guardia de testa o porta di ferro alta io voglio che alhora tu tagli uno tramazone a porta di ferro larga, e se alhora el tuo nemico te tresse de uno fendente o de uno roverso o de uno tramazone, o chel te spingesse una ponta per la facia io voglio che in tal tempo li urti la botta sua con il falso dela spada tua, & che tu li seghe de uno fillo dritto traversato per la facia sua con il tuo pie manco, passando inverso a le sue parte dritte a un tempo solo tu li tirerai doi tramazioni contrapassando con el tuo pie dritto verso delo inimico, e la spada tua acalara a porta di ferro stretta:

Étant resté en *guardia di testa* et ton ennemi étant en *guardia alta*, je veux que tu passes devant d'un grand pas du pied droit et que tu tailles un *mandritto* sous le bras, tirant immédiatement le pied droit vers toi. Si ton ennemi te tire à la tête ou à la jambe, je veux que dans cette attaque tu jettes ton pied gauche un peu de travers vers le côté droit de l'ennemi et que tu lui tailles un *roverso* à son côté droit qui s'empare de sa tête ainsi que des bras pour finir aux pieds. Ton épée ira en *coda lunga e alta*.

Si alors ton ennemi te tire à la tête ou aux jambes, je veux que tu jettes le pied droit d'un grand pas devant le gauche, et dans ce pas tu mettras l'épée avec la bocle serrées ensemble, là tu pareras la botte de celui-ci. Ayant fait la parade, tu lui donneras un *mandritto* aux jambes et tu reculeras aussitôt le pied droit près du gauche. Dans un temps, en avançant ce pied droit, tu tireras d'en bas un *roverso sgualembrato* qui montera en *montante*. Ton épée ira en *guardia alta* avec ton pied droit tiré près du gauche.

De là, tu embelliras le jeu de la façon habituelle, c'est-à-dire en montant, taillant et frappant la bocle. Quand tu auras taillé, touché la bocle et monté, ton épée ira en *guardia di testa* avec les bras bien tendus et proprement mis.

Cinquième partie de celui-ci.

Étant resté en *guardia di testa*, si ton ennemi est en *guardia alta* ou en *guardia di testa* ou en *porta di ferro alta*, je veux qu'alors tu tailles un *tramazzone* en *porta di ferro larga*. Si alors ton ennemi te tire un *fendente* ou un *roverso* ou un *tramazzone* ou bien s'il te pousse une *punta* à la face, je veux que dans ce temps tu frappes sa botte avec le *falso* de ton épée et que tu le suives d'un droit fil *traversato* à sa face en passant avec ton pied gauche vers son côté droit. Dans un même temps, tu lui tireras deux *tramazzoni* en contre-passant avec ton pied droit vers l'ennemi, ton épée tombera en *porta di ferro stretta*.

sel tuo nemico alhora te arespondesse per testa voglio che tu serri la tua spada con el brochiere insieme in guardia di testa e li parerai la sua botta dritta passando e desnodando de uno mandritto tondo per le sue gambe che andara in guardia de sotto bracio e si recoglierai in questo trare el tuo pie dritto apresso del sinistro a uno tempo tirando de uno roverso sgualembrato che pigliara da la testa alle bracia giose per infino ali piedi dal so lato dritto montando de montante alinsuso el tuo pie dritto tu el tirerai apresso del sinistro e la tua spada andera in guardia di testa,

e alhora abillendo el gioco al modo usato, cioe con tagliare e tocare de brochiere, e montare de montante, e la tua spada andara in guardia di testa, el tuo pie dritto tirato apresso dil sinistro ben galante & polito le tue bracie ben distese con la persona perlo dritto.

Sexta parte.

Essendo rimaso in guardia di testa, subito voglio che tu acchali la spada tua a porta di ferro alta, e sel tuo nemico fusse in questa medesima guardia, o sia dove si voglia pur che lui sia inanci col pie dritto, alhora tu li spingerai de una ponta per defora dela spada sua con il pie mancho passando dal suo latto dritto per la facia e lui per paura dela ditta ponta descoprira la parte stanca, e tu alhora li tirerai la spada tua per el dritto alla sua caciandoli el brochiere tuo intel pugno della spada sua a un tempo crescendo del tuo pie dritto forte inverso alle parte manche del nemico cazandoli unaltra ponta per la sua tempia dritta o vorrai per li fianchi el tuo pie mancho seguira el dritto per de drietto, & in tal seguire tu li tirerai de doi tramazoni per la testa, e la tua spada acalara in porta de ferro stretta,

e se intal tempo el tuo nemico te tirasse per testa alhora tu li spingerai una ponta per la facia con la man dela spada coperta sotto el tuo brochiere e li parerai in filo dritto cioe in guardia de facia e si li tirerai de uno roverso per cossa non movendo ne pie ne gambe e la tua spada callara in coda longa e stretta,

Si alors ton ennemi te répond à la tête, je veux que tu serres ton épée et ta bocle ensemble en *guardia di testa* où tu pareras sa botte. Tu passeras et délivreras un *mandritto tondo* à ses jambes qui ira en *guardia di sotto braccio*. Tu ramèneras alors dans cette frappe ton pied droit près du gauche en lui tirant dans un temps un *roverso sgualembrato* qui prendra de la tête aux bras en bas pour finir aux pieds par son côté droit. Tu monteras un *montante* vers le haut en tirant ton pied droit près du gauche et ton épée ira en *guardia di testa*.

Alors, tu embelliras le jeu de façon habituelle, c'est à dire en taillant, en touchant la bocle et en montant. Ton épée ira en *guardia di testa* avec le pied droit tiré près du gauche, bien élégamment et proprement mis, avec tes bras et ta personne bien tendus vers la droite.

Sixième partie.

Étant resté en *guardia di testa*, je veux qu'aussitôt tu fasses tomber ton épée en *porta di ferro alta*. Si ton ennemi est dans cette même garde, ou dans une autre tant qu'il est avec le pied droit devant, alors tu lui pousseras une *punta* par l'extérieur de son épée à la face en passant avec le pied gauche vers son côté droit. Par peur de cette *punta*, il découvrira son côté gauche, alors tu tireras ton épée par la droite de la sienne en lui poussant ta bocle dans son poing d'épée en un temps et en avançant de ton pied droit fortement vers son côté gauche en lui chassant une autre *punta* à sa tempe droite ou bien au flanc. Puis ton pied gauche suivra le droit par derrière et dans ce pas tu lui tireras deux *tramazzoni* à la tête, ton épée tombera en *porta di ferro stretta*.

Si dans ce temps ton ennemi te tire à la tête, tu lui pousseras alors une *punta* à la face avec la main d'épée couverte par-dessous ta bocle. Là, tu le pareras avec le droit fil, c'est-à-dire en *guardia di faccia*. Tu lui tireras alors un *roverso* à la cuisse en ne bougeant ni des pieds ni des jambes, et ton épée tombera en *coda longa e stretta*.

e se de novo lui te tirasse alle parte supraditte, e tu alhora serrerai la spada tua con el tuo brochiere e li parerai la sua botta tirandoli de fatto a lui de uno mandritto tondo per le gambe che andara presto sotto bracio non fermando niente, e poi tiri gioso de uno roverso sgualembrato, elquale pigliara da la testa per fino alla ponta de piedi montando de fatto de uno montante, e la tua spada andara in guardia alta,

e de qui e de bisogno che tu abellissi el gioco, cioe in tagliare & inchiocare de brochiere & in montare de montante & quando tu monterai la tua spada non passera guardia di testa e le tue bracia serano molto bene distese & polite.

Settima parte & ultima del primo assalto.

E de qui tu tornerai indrietro da giocho buttando el pie dritto uno gran passo de drietto del sinistro, e si tirerai sotto bracio uno mandritto tirando subito de uno redopio roverso de sotto insuso e poi monterai de montante fugiendo el pie sinistro forte de drieto, de novo tu li tirerai sotto bracio uno mandritto pur fugiendo il pie dritto di dietro del sinistro, e quello tirando apresso del ditto dritto cazando il bracio del brochiero dentro del braccio de la Spada dritto a modo che la tua Spada sera defora del bracio sinistro, e de li tu farai doi moliniti crescendo innanzi per lo dritto del tuo pie sinistro e lultimo andara alinsuso battendo sopra alla tua Spada dritta cioe voltando le spale a colui con chi tu giochi, tirando el pie dritto apresso del sinistro, e poi cressendo uno gran passo del ditto pie dritto facendo in questo passare tri moliniti uno per fora a lo in gioso e doi per dentro a linsuso e lultimo andara sopra el bracio sinistro battendo il pomo dela spada in la penna del brochiero dentro tirando la gamba sinistra apresso alla dritta ben polito & attillato quanto sera possibile e deli tu serai tornato da gioco indrietro e qui finito el primo assalto.

Si de nouveau lui te tire à ce même côté, tu serreras alors ton épée et ta bocle et tu pareras sa botte. Cela fait tu lui tireras un *mandritto tondo* aux jambes qui ira rapidement sous le bras en ne t'arrêtant aucunement. Ensuite, tu tireras un *roverso sgualembrato* d'en bas lequel prendra de la tête jusqu'à la pointe des pieds. Cela fait, tu monteras un *montante* et ton épée ira en *guardia alta*.

De là, il est nécessaire que tu embellisses le jeu, c'est-à-dire tailler, frapper la bocle et monter des *montante*. Et quand tu monteras, ton épée ne dépassera pas la *guardia di testa* et tes bras seront bien tendus et mis proprement.

Septième et dernière partie du premier assaut.

De là, tu retourneras le jeu en arrière en jetant le pied droit d'un grand pas derrière le gauche. Tu tireras alors un *mandritto* sous le bras, tirant aussitôt un *roverso redoppio* de bas en haut. Tu monteras ensuite d'un *montante* en fuyant le pied gauche fortement derrière. De nouveau, tu lui tireras sous le bras un *mandritto* en fuyant bien avec le pied droit derrière le gauche. En tirant celui-ci près de ce pied droit, tu pousseras le bras de la bocle à l'intérieur du bras d'épée de manière à ce que ton épée soit à l'extérieur du bras gauche. De là, en avançant du pied gauche devant, tu feras deux *molinelli* dont le dernier ira en haut, battant par-dessus à ton épée droite, c'est-à-dire en tournant les épaules à celui avec qui tu joues et en tirant le pied droit près du gauche. Puis, en avançant d'un grand pas de ce pied droit, tu feras dans ce pas trois *molinelli*, un vers l'extérieur contre lui en bas, et deux vers l'intérieur en haut, le dernier allant au-dessus du bras gauche. Tu battras le pommeau de l'épée dans le rebord intérieur de la bocle en tirant la jambe gauche près de la droite, bien proprement mis et arrangé autant qu'il sera possible. De là, tu auras retourné du jeu en arrière et tu auras fini le premier assaut.

ACHILLE MAROZZO

OPERA NOVA

Cap. 11. del secondo assalto de giocho largho e stretto insieme de spada & brochiere piccolo.

Hora qui principiaremo el secondo asalto pure del ditto brochiere stretto, elquale voglio che vada forte alla meza spada alle strerte & non mettendo altro andare a gioccho al presente perche seria de tropo volume de scrivere tu li andarai a giocho con uno de quelli liquali tu hai imparato da me si che nota, In prima tu serai in guardia alta ben polito & galante.

Prima parte del secondo assalto.

Adonque essendo in la detta guardia alta el tuo nemicho fusse in guardia di sopra bracio de qui voglio che tu butti il tuo pie dritto forte inanzi, & in questo buttare tu spiegerai una ponta in facia de lo nemicho per defora dal so latto dritto e lui per paura dela ponta ditta le bande de sopra coprira e tu quelle di sotto batterai con uno roverso in la sua cosa dritta facendo bono brochiere in testa tirando per tuo riparo subito del falso desotto insuso per le bracie de la spada delo nemico tagliando de uno fendente intel brochiere inmodo che tu abelirai il gicco amodo usato, cioe retornando in la ditta guardia alta come desopra ben polito e gallante atillato.

Seconda parte.

Essendo romaso come desopra disse e fusse sovre bracia o in quella medesima guarda el tuo nemicho alhora tu li tirarai de uno fendente per testa, elquale non passara guardia de facia defatto tirandoli de uno reddopio roverso de sotto insuso il quale percotta forte la spada delo nemico per modo che per paura delo reddopio ditto descoprira le parte di sopra del suo lato dritto alhora tiralli doi tramazoni con uno fendente dritto acompagnato e la spada tua accalara in porta di ferro stretta

Chapitre 11. Du second assaut de l'épée et de la petite bocle, au jeu large et rapproché ensemble.

Maintenant, nous commencerons ici le second assaut avec cette petite bocle, lequel je veux qu'il aille fortement à la mi-épée et aux estrettes. À présent, je ne mettrai plus d'aller au jeu parce qu'il serait trop volumineux de toujours les décrire, mais tu iras au jeu avec un de ceux que tu as appris de moi. Donc, note qu'en premier tu seras bien proprement et élégamment en *guardia alta*.

Première partie du second assaut.

Donc, étant dans cette *guardia alta* et ton ennemi étant en *guardia di sopra braccio*, de là je veux que tu jettes fortement ton pied droit devant et dans ce pas tu pousseras une *punta* à la face de l'ennemi par l'extérieur par son côté droit. Par peur de cette *punta*, il couvrira son côté du dessus et tu battras alors celui du dessous avec un *roverso* à sa cuisse droite en mettant bien la bocle devant la tête. Tu tireras pour te couvrir aussitôt un *falso* de bas en haut au bras d'épée de l'ennemi. Tu tailleras un *fendente* dans la bocle de sorte que tu embelliras le jeu de façon habituelle, c'est-à-dire retournant dans cette *guardia alta* comme au-dessus, bien arrangé proprement et élégamment.

Deuxième partie.

Étant resté comme dit ci-dessus et ton ennemi étant en *sopra braccio* ou dans la même garde, alors tu lui tireras un *fendente* à la tête qui ne dépassera pas la *guardia de faccia*. Cela fait, tu lui tireras un *roverso redoppio* de bas en haut qui percutera fortement l'épée de l'ennemi de sorte que par peur de ce *redoppio* il découvrira la partie supérieure de son côté droit. Tu lui tireras alors deux *tramazzoni* accompagnés d'un *mandritto fendente* et ton épée tombera en *porta di ferro stretta*.

& sel tuo nemico alhora te tresse per testa alhora tu li caciarai una ponta in la facia acompagnata in la penna del brochiere da latto dentro, e li torrai la botta sua in sul filo dritto dela spada tua cioe in guardia di facia crescendo intal paratto del tuo pie mancho inverso le sue parte dritte & si lidarai de uno roverso nela sua tempia dritta e la tua gamba dritta seguira la manca perde drieto e la spada tua acallara in coda longha & alta

& se alhora il tuo nemico te tresse per testa o per gambe subito tu butterai el pie mancho inverso le tue parte dritte & in questo buttare tu metterai il falso de la spada tua sotto quella delo nemicho crescendo in questo tempo con il tuo dritto piede forte inverso le parte manche del sopraditto tragandoli in questo crescere per le gambe sue uno mandritto elquale andara sotto braccio e la gamba mancha seguendo la dritta per de drieto tirando in questo tempo gioso de uno roverso montando del montante che li segue drieto tirando la gamba dritta apresso la sinistra e la tua spada andara in guardia alta

abilligendo il gioco alhora almodo usato cioe in tagliare e chiocare e montare de montante passegiando & tirando le tue gambe al loco consueto per modo che la tua spada tornera in guardia alta con le tue bracie e gambe ben atillate.

Tertia parte.

Essendo tu aromaso in la ditta guardia alta el tuo nemicho fusse dove el se volesse, io voglio che tu cressi inanzi col tuo pie dritto e che tu litagli de uno fendente in la penna del brochiere elquale acchalara in porta di ferro stretta non te fermando con el fendento ditto che tu li traghe de uno tramazone in su la spada de lo inemicho defatto spingendo una ponta per la facia alo sopraditto acompagnata con el brochiere con la tua gamba mancha passando & spingiendo ditta ponta verso alle parte dritte delo nemicho alhora lui per paura de la ponta ditta descopria la parte sinistra e tu li darai de uno fendente insu la testa passando col tuo pie dritto in tal tempo

Si ton ennemi te tire alors à la tête, tu lui pousseras une *punta* à la face accompagnée du rebord de ta bocle par le côté intérieur. Là, tu prendras sa botte sur le droit fil de ton épée, c'est-à-dire en *guardia di faccia*. En avançant ton pied gauche vers son côté droit pendant cette parade, tu lui donneras un *roverso* à sa tempe droite, ta jambe droite suivra la gauche par-derrière et ton épée tombera en *coda longa e alta*.

Si alors ton ennemi te tire à la tête ou aux jambes, tu jetteras aussitôt le pied gauche vers ton côté droit, et dans ce pas tu mettras le *falso* de ton épée par-dessous celle de l'ennemi. En avançant pendant ce temps fortement avec ton pied droit vers le côté gauche de celui-ci, tu lui tireras dans ce pas un *mandritto* aux jambes qui ira sous le bras. La jambe gauche suivra alors la droite par derrière tout en tirant pendant ce temps un *roverso* d'en bas qui montera ensuite en *montante* en tirant la jambe droite près de la gauche. Ton épée ira en *guardia alta*.

Tu embelliras alors le jeu de façon habituelle, c'est-à-dire en taillant, choquant et montant en *montante*, en marchant et en tirant tes jambes à leurs places habituelles de sorte que ton épée retournera en *guardia alta*, avec tes bras et jambes bien arrangés.

Troisième partie.

Étant resté dans cette *guardia alta* et ton ennemi étant là où il le désire, je veux que tu avances ton pied droit et que tu lui tailles un *fendente* dans le rebord de la bocle qui tombera en *porta di ferro stretta*. Ne t'arrêtant pas avec ce *fendente*, tu tailleras un *tramazzone* sur l'épée de l'ennemi, poussant immédiatement une *punta* accompagnée de la bocle au visage de celui-ci, en passant avec ta jambe gauche et en poussant cette *punta* vers le côté droit de l'ennemi. Alors, lui, par peur de cette *punta*, découvrira son côté gauche. Tu lui donneras alors un *fendente* à la tête en passant avec le pied droit dans ce temps vers l'ennemi. Tu fuiras du pied droit derrière le gauche et tu tailleras un

per lo dritto delo nemicho fugiendo e trahendo de uno roverso con el pie dritto al mancho per de dietro in modo che tu serai con spada tua in guardia de codda longha e alta

e si in tal tempo el tuo nemicho te tresse de uno tramazone o ver mandritto alhora voglio che tu passi inanzi con il tuo pie drito & intal passare tu li caciarai una ponta per la facia al nemicho acompagnata con el tuo brochiere laquale sera in guardia di facia & in tal parato tu li darai de uno roverso per gamba e tagliando de uno fendente indrieto per la penna del brochiere con el pie dritto buttando el mancho per de drieto

alhora abelligiando el giocho cioe con chiochare de brochiere e montare a modo usato siche tu tornerai pure in guardia alta come prima bene attillato con le tue bracie come altre volte io tho detto.

Quarta parte.

Hora nota che essendo tu in guardia alta come disopra disse voglio che tu passe inanci con el pie dritto & in tal passare tu tirerai de uno fendente e uno falso desotto insuso & uno roverso a uno medesimo tempo inella penna del brochiere e la tua spada acalara in codda longha e stretta,

e alhora sel tuo nemicho te tresse per testa o gamba voglio che tu pari con el falso urtando desotto insuso con doi tramazoni per testa e lultimo accalara in porta de ferro stretta

e se in tal callare lui te respondesse inmodo alchuno voglio che tu urti de falso e passare del pie mancho presto inverso le parte drite delo nemicho e taglierai in tal passare de uno roverso in la penna del tuo brochiere elquale andera forte per la facia del sopraditto

el pie mancho tirando al drito apresso e de e forza abellire il gioco cioe a modo usato pure inchiocare de brochiere e montare pure in guardia alta come prima te amaestrai siche nota per sempre mai.

roverso de sorte que tu seras avec ton épée en garde de la *coda longa e alta*.

Si dans ce temps ton ennemi te tire un *tramazzone* ou un *mandritto*, alors je veux que tu passes devant et que dans ce pas tu chasses une *punta* accompagnée de ta bocle à la face de l'ennemi, ce qui sera en *guardia di faccia*. Dans cette parade, tu lui donneras un *roverso* à la jambe, taillant ensuite un *fendente* dans le rebord de la bocle en jetant le pied droit derrière le gauche.

Alors tu embelliras le jeu, c'est-à-dire en choquant la bocle et en montant de manière habituelle de sorte que tu retourneras bien en *guardia alta* comme au début, bien arrangé avec tes bras comme te l'ai dit les autres fois.

Quatrième partie.

Maintenant que tu es en *guardia alta* comme je l'ai dit ci-dessus, je veux que tu passes devant avec le pied droit et que dans ce pas tu tires un *fendente*, un *falso* de bas en haut et un *roverso* dans le rebord de la bocle dans un même temps. Ton épée tombera en *coda longa e stretta*.

Si ton ennemi te tire alors à la tête ou à la jambe, je veux que tu pares en frappant un *falso* de bas en haut avec deux *tramazzoni* à la tête dont le dernier tombera en *porta di ferro stretta*.

Si dans cette tombée en garde il te répond d'une quelconque manière, je veux que tu frappes du *falso* et que tu passes rapidement du pied gauche vers le côté droit de l'ennemi en lui taillant dans ce pas un *roverso* dans le rebord de ta bocle qui ira fortement à la face de celui-ci.

En tirant le pied gauche près du droit, tu seras forcé d'embellir le jeu, c'est-à-dire bien de manière habituelle en choquant la bocle et en montant bien en *guardia alta* comme je t'ai montré au début, ainsi note pour toujours.

Quinta parte.

Hora essendo tu romaso in guardia alta le dibisogno che tu fallazi una ponta in atto di montanto cioe passando con il tuo pie manco inverso alle parte dritte del nemico e la ditta ponta cazando forte in la facia dal latto manco del sopraditto e lui per paura dela ditta ponta descoprira le sue parte desopra dritto e tu alhora li darai de uno mandritto de falso per testa fra la spada el brochiero suo passando in questo trare del tuo pie dritto verso alle sue parte sinistre e la gamba manca seguira la dritta per dedrieto e la tua spada non passera guarda de itrare stretto con la spada tua el brochiere polito

alhora le di bisogno chel te traghi alle parte di sopra e tu tragandote lui pigliarai la sua botta in sul filo dritto della spada tua e si li darai de uno roverso spinto per la sua tempia dritta inmodo che la spada tua non passera guardia di codda longa alta

alhora tu tirando el pie dritto almanco apresso si abelirai il gioco amodo usato cioe chiocare e montare de montante con li suoi passegiari pure aritornando in guardia alta come de sopra piu hai visto bene asettato con le tue bracie e gambe ben distese a modo usato e polito.

Sexta parte.

Hora nota esta attento che quando tu vorrai ingannare uno a gioco voglio che intel montare che lui fara de montante che tu sei prima de lui montato e subito montato che lui sera tu li taglierai per la facia in la penna del tuo brochiere uno fendento conil tuo pie dritto inanzi passando e la tua spada non pessera guardia de porta de ferro alta

Cinquième partie.

Maintenant, étant resté en *guardia alta*, il est nécessaire que tu fasses[1] une *punta* à la façon d'un *montante*, c'est-à-dire en passant avec ton pied gauche vers le côté droit de l'ennemi et en chassant cette *punta* fortement au côté gauche du visage de celui-ci. Par peur de cette *punta*, il découvrira sa partie supérieure droite. Alors tu lui donneras un *mandritto de falso* à la tête entre son épée et sa bocle en passant dans cette attaque du pied droit vers son côté gauche. Ta jambe gauche suivra la droite par derrière et ton épée ne dépassera pas la *guardia d'intrare* en serrant ta bocle avec ton épée proprement.

Alors il est nécessaire qu'il te taille à la partie de dessus. Toi, sur cette attaque, tu prendras sa botte avec le droit fil de ton épée et tu lui donneras alors un *roverso spinto* à sa tempe droite de sorte que ton épée ne dépassera pas la *coda longa e alta*.

Alors en tirant ton pied droit près du gauche, tu embelliras le jeu de manière habituelle, c'est-à-dire en choquant et en montant un *montante* avec tes déplacements, et en retournant bien en *guardia alta* comme tu as déjà vu plus haut, bien arrangé avec tes bras et tes jambes bien tendus, de façon habituelle et proprement mis.

Sixième partie.

Maintenant, note et reste attentif, car quand tu voudras tromper quelqu'un au jeu, je veux que dans la montée qu'il fera du *montante*, que tu sois monté avant lui. Et dès qu'il sera en train de monter, tu lui tailleras à la face un *fendente* dans le rebord de ta bocle en passant devant avec ton pied droit et ton épée ne dépassant pas la garde de *porta di ferro alta*.

---

[1] *fallazi* : il pourrait s'agir soit du verbe *falaciare*, tromper, soit d'une ancienne forme du verbe *fare*, faire. J'ai préféré cette seconde option car l'action de tromper quand elle est utilisée, est décrite plus amplement.

e sel tuo nemico alhora te tresse da basso o dalto ponta o mandritto o tramazoni & anche roverso acadauna de queste botte tu litirarai de soto in suso uno falso con la spada el tuo brochiero insieme acompagnato con uno dritto per la sua tempia segato el tuo pie cioe sinistro sera passato inverso le sue parte dritte con uno tramazone che calli a porta di ferro stretta,

alhora sel tuo nemico te tresse per testa e in tal tirare areparate con falso e mandritto e roverso tondo pure taliando uno altro roverso spinto in la penna del brochiere buttando in tal tempo el pie dritto almanco de drieto

tirando el manco apresso del drito e de qui tu abellirai il gioco cioe inchiocare e in montar amodo usato come prima io te dissi che tu andase in guardia alta bene asettato e polito con le tue gambe e bracie ben distese e galante.

Septima parte.

Essendo tu romaso in guardia alta le debisogno che tu li tiri de uno mandritto tondo sotto braccio acio che lui te responda drieto alle parte di sopra ma se lui te arespondesse alle parte sopraditte de qualunque botta che lui vollesse tu butterai il pie mancho inverso le sue parte dritte & intal buttare tu pigliarai la spada tua con la man del brochiero in fogia de spada inarmi & li parerai la botta del nemico & in tal parato tu li spingierai una ponta per la facia con uno fendente mandritto per la testa fra la spada sua el brochiere con el pie dritto intal tempo passando per lo dritto & la tua spada a porta di ferro alta accalando

alhora arespondendoti il tuo nemico tu spingerai una ponta per la facia sua acompagnata con il tuo brochiere & si li darai de uno roverso per la sua cosa dritta & a uno medesimo tempo tu taglierai uno altro roverso spinto in la penna del tuo brochiere fugiendo el pie dritto al manco de dretto in modo chel ditto manco se acocera apresso del dritto

Si ton ennemi te tire alors en bas ou en haut une *punta* ou un *mandritto* ou un *tramazzone* ou encore un *roverso*, tu tireras dans chacune de ses bottes un *falso* de bas en haut avec l'épée et la bocle ensemble, accompagné d'un *mandritto segato* à sa tempe, et ton pied gauche passera vers son côté droit avec un *tramazzone* qui tombera en *porta di ferro stretta*.

Alors, si ton ennemi te tire à la tête, tu te couvriras de cette attaque avec *falso* et *mandritto* et *roverso tondo*, taillant bien un autre *roverso spinto* dans le rebord de la bocle en jetant pendant ce temps le pied droit derrière le gauche.

Tirant le gauche auprès du droit, tu embelliras le jeu en choquant et montant de manière habituelle comme je t'ai dit au début. Allant bien t'arranger en *guardia alta*, élégamment et proprement mis, avec tes bras et tes jambes bien tendus.

Septième partie.

Étant resté en *guardia alta*, il est nécessaire que tu lui tires un *mandritto tondo* sous le bras afin qu'il te réponde ensuite au côté supérieur. S'il te répond à ce côté avec n'importe quelle botte qu'il veuille, tu jetteras le pied gauche vers son côté droit, et dans ce pas tu prendras ton épée avec ta main de la bocle à la façon de *spada in armi* et tu pareras comme cela la botte de l'ennemi. Dans cette parade, tu lui pousseras une *punta* au visage avec un *mandritto fendente* à la tête entre son épée et sa bocle, et dans ce temps ton pied droit passera devant et ton épée tombera en *porta di ferro alta*.

Alors ton ennemi te répondant, tu pousseras une *punta* accompagnée de ta bocle à son visage et tu lui donneras un *roverso* à la cuisse droite. Et dans un même temps tu tailleras un autre *roverso spinto* dans le rebord de ta bocle en fuyant du pied droit derrière le gauche de sorte que ce pied gauche se retrouvera près du droit.

hora de qui le forza che tu abillisi el gioco cioe in chiocare & in montare amodo usato si che te aritroverai pure in guardia alta come disopra disse.

Octava & ultima parte del secondo assalto.

Hora essenbo pure in la ditta guardia alta tu li tirerai doi mandritti tondi per la facia passando in tal tempo del pie dritto inanzi e lultimo mandritto non lo fermarai niente che tu li spingi de una ponta per defora dela spada sua desopra dal suo latto dritto andando forte inverso la sua tempia manca e alhora lui per paura de quella ponta ditta se aprira dinanze tu urterai de lelzo dela tua spada in la spada sua e li volterai uno mezo mandritto in falso e la tua spada sera desotta della sua con lo pie dritto passando inverso le sue bande sinistre & ad uno medesimo tempo tu urterai denovo pure del ditto elzetto & si li darai de uno mezo roverso spinto nella sua tempia dritta passando con il tuo pie manco inverso le sue parte dritte & de fatto per tuo reparo tu butterai el pie dritto almaco de drietto con una ponta in guardia di facia

e de li tu abellirai il gioco con tagliare montare e chiocare de brochiere a modo usato hora de qui tu farai uno tornare da gioco indrieto da quilli li quali tu hai da mi imparato & a questo modo sera finito il secondo asalto.

Et maintenant, il est forcé que tu embellisses le jeu, c'est-à-dire en choquant et en montant de manière habituelle de sorte que tu te retrouveras bien en *guardia alta* comme dit plus haut.

Huitième et dernière partie du second assaut.

Maintenant étant bien dans cette *guardia alta*, tu lui tireras deux *mandritti tondi* à la face en passant pendant ce temps du pied droit devant. Tu n'arrêteras pas le dernier *mandritto* afin de lui pousser une *punta* fortement à sa tempe gauche par l'extérieur et par-dessus son épée par son côté droit. Par peur de cette *punta*, il s'ouvrira[2] alors en avant, tu frapperas de la garde de ton épée dans son épée et tu lui tourneras un *mezzo mandritto in falso* avec ton épée qui sera par dessous la sienne, avec ton pied droit passant vers son côté gauche. Dans un même temps, tu frapperas de nouveau bien de la garde et alors tu lui donneras un *mezzo roverso spinto* à la tempe droite en passant avec ton pied gauche vers son côté droit. Immédiatement pour te couvrir, tu jetteras le pied droit derrière le gauche avec une *punta* en *guardia di faccia*.

De là, tu embelliras le jeu en taillant, montant et choquant la bocle de manière habituelle. Enfin, tu feras un retour du jeu en arrière, comme tu l'as appris de moi, et de cette manière le deuxième assaut sera fini.

---

[2] *aprire* : ici dans le sens de desserer, donc d'écarter le bras d'épée et le bras de bocle

ACHILLE MAROZZO

Cap. 12. del prolago del terzo assalto elquale tratta de prese e strette de meza spada insieme.

Al nome de M Iesu Christo sia qui componeremo el tertio asalto elquale dimostrara larte de la meza spada & questo facio perche tu che vorai insegnare sappi che larte de la meza spada sie el meglio del gioco e quelli che insegnano o chi se tegnano boni giocatori e non sanno larte sopraditta non sono fondati pero voglio che tu sappi che quella sie elfondamento de larte del scremire non tanto in brochiere piccolo come in tutte le altre sorte de armi cosi darmi in asta come da fillo

si che io te conforto alli homini che hanno bono core darli de queste cose perche loro le faranno senza respetto alcuno e seranno quelli che te farino honore ma aquelli che ate paresse che non fussono de tanto core dalli di quelle cose del primo asalto perche se tu li desse de quelle del secondo e del tertio tu le buttaresti via perche alloro non bastaria lanimo de farle siche nota per sempre mai.

Cap. 13. Che secondo li homini se da li parati e li feriri.

Anchora voglio che intel principio de lo insegnare che tu non li mostri cosa troppo difficile perche alloro pareria cosa grave e si potrebbene disdegnare & non imparariano cosi volentieri come faranno a darli in principio qualche cosa ch'alloro sia piu atta

si che nota che in altro loco te apriro piu lintelletto perche qui me conviene dare principio alla prima parte del terzo assalto sopraditto Ma prima diremo de uno amaestramento che acade per lo insegnare.

Chapitre 12. Du prologue du troisième assaut, lequel traite des prises et estrettes de la mi-épée ensemble.

Au nom de notre seigneur Jésus Christ, nous composerons ici le troisième assaut qui démontrera l'art de la mi-épée. Cela est fait parce que si tu veux enseigner, tu dois savoir que l'art de la mi-épée est le meilleur des jeux et que ceux qui enseignent ou qui se considèrent bons joueurs en ne connaissant pas cet art sont sans fondement. Je veux que tu saches que ceci est une base de l'art de l'escrime, pas seulement avec la petite bocle, mais avec toutes les autres sortes d'armes comme les armes d'hast et celles affûtées.

Ainsi je t'encourage à donner ces choses aux hommes qui ont un bon cœur parce qu'ils le feront sans autres considérations et ils seront ceux qui te feront honneur. Quant à ceux qui ne te paraissent pas avoir autant de courage, donne-leur de ces choses du premier assaut parce qu'il serait du gâchis de leur donner du deuxième et du troisième, car ils n'auront pas assez de courage pour les faire. Prends donc note pour toujours.

Chapitre 13. Comment l'on donne les attaques et les parades aux hommes.

Également, je veux qu'au début de l'enseignement, tu ne leur montres pas de choses trop difficiles parce que cela leur paraîtrait une chose sérieuse et ils pourraient la dédaigner et ne pas apprendre les choses volontairement comme ils le feraient si tu leur en donnes au début quelques-unes qui soient plus appropriées.

Et note qu'en d'autres lieux tu en apprendras plus sur l'intellect parce qu'il me convient de donner ici le début de la première partie du troisième assaut susmentionné. Mais avant je donnerai un discours au sujet de l'enseignement.

ACHILLE MAROZZO
Documento a che volesse ad altri insegnare.

Hora nota che sel te vignesse mai voglia de insegnare io te conforto che tu non debbe durare tal fatica ad insegnare ad uno scholare tutte queste cose che sono composte in questo tertio assalto in publico acioche altri non se lareplicasseno a si cioe che non vedano el tuo fondamento & anchora per unaltra ragione non lo fare perche quando tu li insignassi tal gioco cioe tal prese e strette tu non poi migliorare perche le differente el gioco largo dal stretto e poi seria confusione nel principio a insegnare a uno scholare tutte strette de meza spada & anchoro loro non se contentarebeno ma sempre crederebeno che tu havessi meglio da darli e non cognoscerrebeno il ben che tu li facessi si che per questo debilli insegnare nel principio altre cose Cioe insignali altre cose comunale e doppo quando loro haranno imparato el ditto gioco comunale alhora voglio che tu gli daghi de queste cose del terzo assalto e a questo modo tu li vegnirai a contentare

& sappi chio te conforto ad insegnare de queste cose sopraditte acio che tu non te adismentechi e piu te dico che qualche volte tu debbi recorrere sopra questo libro & a questo modo tu non te adismentecherai

e fa como dice quel breve che e in su i Capituli che dice chi ben paga ben impara e che mal paga mal impara si che a quelli che pagnano bene insegnali bene perche tu fai lhonore tuo e de conscientia gran peccato de anima a chi pagha al Maestro il debito suo e non li insegne bene e cosi ali poveri quanto ali richi perche tanto valle uno ducato a uno povero come vale doi a uno ricco si che sopra di questo non seguitero piu oltra perche io voglio principiare il ditto terzo assalto.

Document pour ceux qui veulent enseigner aux autres.

Maintenant note que si jamais il te vient l'envie d'enseigner, je te conforte que tu ne dois pas endurer la fatigue d'enseigner à un élève toutes les choses qui sont composées dans ce troisième assaut en public. Ceci de sorte qu'aucun autre ne le réplique pour lui-même, c'est-à-dire pour qu'ils ne voient pas tes bases. Et ne le fais pas également pour une autre raison, car quand tu lui enseigneras un tel jeu, c'est-à-dire les prises et les estrettes, tu ne pourras pas l'améliorer parce qu'il y a des différences entre le jeu large et les estrettes et qu'il serait confus au début d'enseigner à un élève toutes les estrettes de la mi-épée. De plus, il ne s'en contenterait pas assez, croirait que tu as toujours mieux à lui donner et il ne reconnaîtrait pas le bénéfice que tu lui as apporté. Ainsi, tu dois leur enseigner au début d'autres choses et qui sont celles communes. Après, quand ils auront appris ce jeu commun, je veux qu'alors tu leur donnes de ces choses du troisième assaut et de cette manière, tu les contenteras.

Sache aussi que je t'encourage à enseigner les choses ci-dessus de sorte que tu ne les oublies pas. De plus, je te dis que chaque fois tu dois revenir à ce livre ci-dessus et de cette façon tu n'oublieras pas.

Et fais comme il est dit en bref dans les chapitres : « qui paye bien apprends bien et qui paye mal apprends mal ». Ainsi à ceux qui ont bien payé tu leur enseignes bien parce que tu te fais honneur et qu'il est un grand péché pour la conscience de l'âme de ne pas bien enseigner à ceux qui payent leur dette au maître. Et il est ainsi pour les riches comme pour les pauvres parce qu'un ducat d'un pauvre vaut autant que deux ducats d'un riche. Ainsi nous ne continuerons pas plus sur ce sujet parce que je veux donner le début de ce troisième assaut.

Prima parte del terzo assalto.

Hora nota che le di bisogno che tu vadi atrovare el tuo nemico con uno di quelli andarai a gioco che te parera e quando tu serai apresso di lui tu te metterai importa di ferro alta & se lui fusse come tu o vero sopra bracio o in guardia alta alhora tu li spingerai una ponta infalsada per defora dala sua spada laquale andera forte inverso la sua tempia mancha con il pie mancho intal spingere passando inanci per modo che con il pie dritto tu li darai de uno calcio innel petenechio con uno fendente per testa in tel tornare del ditto pie dritto in drieto, e per tuo reparo tu butterai il pie mancho de drieto e si tirerai de uno roverso schannato per la testa e bracie in modo che la Spada tua andara in coda longa e stretta

& se allhora el tuo nimico te rispondesse per testa o per gamba areparate con uno falso traversato di sotto insuso col el brochiere accompagnando e a tempo tu li segarai uno roverso per la gamba dritta & per tuo reparo tu butterai il pie dritto de drieto al manco & taglierai de uno fendente Roverso in la penna del brochiere con il pie manco tirando apresso el dritto

& de qui tu abellirai il gioco a modo usato con chiocare e montare con una ponta in atto de montante che non passi la ditta porta diferro alta come disopra te dissi.

Cap. 14. Del contrario della prima parte.

Essendo tu in la ditta porta di ferro alta el tuo nemico te spingiesse la ditta ponta in tal tempo che lui spingiera tu farai elza e fugie & la tua Spada acalara in cinghiara Porta di ferro larga non te fermando che tu traghe uno roverso in coda longa & destesa e in questo modo tu harai trarotto la sua fantasia & si li farai dispiacere allui

Première partie du troisième assaut.

Maintenant, note qu'il est nécessaire que tu ailles trouver ton ennemi avec un de ces allers au jeu qu'il te plaira, et quand tu seras près de lui tu te mettras en *porta di ferro alta*. Si lui se trouve comme toi ou en *sopra braccio* ou en *guardia alta*, alors tu lui pousseras par l'extérieur de son épée une *punta infalsata* qui ira fortement vers sa tempe gauche en passant du pied gauche devant dans cette attaque. De cette façon, tu lui donneras avec le pied droit un coup de pied dans le pubis avec un *fendente* à la tête dans le retour de ce pied droit en arrière. Et pour te couvrir, tu jetteras le pied gauche derrière et tu tireras un *roverso* s'abattant à la tête et aux bras de sorte que ton épée ira en *coda longa e stretta*.

Et si alors ton ennemi te répond à la tête ou à la jambe, tu te couvres avec un *falso traversato* de bas en haut accompagné de la bocle. Et dans le temps, tu le suivras d'un *roverso* à la jambe droite. Pour te couvrir, tu jetteras le pied droit derrière le gauche et tu tailleras un *roverso fendente* dans le rebord de la bocle en tirant le pied gauche auprès du droit.

De là, tu embelliras le jeu de façon habituelle en choquant et en montant avec une *punta* à la façon d'un *montante* qui ne dépassera pas cette *porta di ferro alta* comme je t'ai dit au-dessus.

Chapitre 14. Du contre de la première partie.

Étant dans la *porta di ferro alta* et ton ennemi te poussant cette *punta*, tu feras *elza e fugie* dans le temps où il la poussera et ton épée tombera en *cinghiara porta di ferro larga*. Ne t'arrêtant pas, tu tailleras un *roverso* en *coda longa e distesa*. De cette manière, tu auras brisé son dessein et alors tu lui feras de la peine.

& fatto che tu havera el ditto roverso tu tirerai la gamba manca apresso dela dritta abelligiando il gioco amodo usato

Hora nota che quando tu non sapessi che cosa sia elza & fugie io te lo insegnaro qui per sempre mai elza e fugie sie quando uno te fesse una botta picolosa adosso essendo tu in porta di ferro alta o vero stretta o larga o sotto bracie o in coda longa e stretta o a cinghiara porta di ferro sia dove tu vogli pure che tu sia inte le guardie basse in quel tempo che lui te fara la ditta botta tu tierai de uno falso forte desotto insuso con uno mandritto fendente fugiendo la gamba dritta de drieto da la mancha e questo se domanda elza e fugie & sappi che questa botta sia uno bono contrario a uno che volesse intrara siche nota & sta atento.

Seconda parte.

Essendo tu in la ditta porta di ferro alta el tuo nimico fusse con il pie dritto inance sia in che guardia el si voglia cioe in le guardie alte tu passerai del pie mancho inanci inverso ale sue parte dritte e in tal passare tu farai vista de trarli duno tramazon & intal vista tu li spingierai una ponta per la facia coperta con el tuo brochiero e come lui uscira fuora dela spada sua per parare la ditta ponta e tu la camuferai alhora per disotto alla ditta sua & si li spingierai unaltra ponta tra la spada el suo brochiero laquale nascera desotto insu per la facia sua e per tuo riparo tu taglierai uno roverso fendente in la penna del brochiere con el pie dritto fugendo in tal tagliare drieto al mancho el ditto pie mancho in tal tempo sera recolto apresso il dritto

& de qui tu abellirai il gioco a modo usato cioe inchiocare & montare de una ponta in atto de montante laquale non passara la ditta porta di ferro alta a questo modo tu sera tornato come di sopra te dissi.

Ayant fait ce *roverso*, tu tireras la jambe gauche près de la droite en embellissant le jeu de façon habituelle.

Maintenant, note que comme tu ne sais pas ce qu'est *elza e fugie* je vais te l'enseigner ici une fois pour toutes. *Elza e fugie* se fait quand on te tire une botte dangereuse et que tu es en *porta di ferro alta* ou *stretta* ou *larga, ou* en *sotto braccio*, ou en *coda longa e stretta* ou en *cinghiara porta di ferro*, étant en fait où tu veux tant que tu es dans une garde basse. Dans le temps où il te fera la botte, tu lui tireras fortement un *falso* allant de bas en haut avec un *mandritto fendente* en fuyant de la jambe droite derrière la gauche. Et ceci se nomme *elza e fugie*. Et sache que cette botte est un bon contre à celui qui veut entrer. Ainsi, prends note et reste attentif.

Deuxième partie.

Te trouvant dans cette *porta di ferro alta* et ton ennemi ayant le pied droit devant et étant dans la garde haute qu'il veut, tu passeras du pied gauche devant vers son côté droit et dans ce pas tu feras semblant de lui tirer un *tramazzone*. Mais dans cette feinte tu lui pousseras une *punta* au visage couverte par ta bocle. Quand il frappera avec son épée vers l'extérieur pour parer cette *punta*, tu la camoufleras alors par-dessous la sienne et tu lui pousseras une autre *punta* entre son épée et sa bocle, laquelle ira de bas en haut vers sa face. Pour te couvrir, tu tailleras un *roverso fendente* dans le rebord de la bocle en fuyant avec le pied droit derrière le gauche dans ce coup. Et tu rapprocheras ce pied gauche du droit pendant ce temps.

De là, tu embelliras le jeu de façon habituelle, c'est-à-dire en choquant et en montant une *punta* à la façon d'un *montante* laquelle ne dépassera pas cette *porta di ferro alta*. De cette manière, tu seras retourné comme je t'ai dit au-dessus.

Capitolo. 15. Del contrario della seconda parte.

Essendo tu in la ditta porta di ferro alta come lui sta acorto e guardali al pugno della spada e come lui vorra passare del pie mancho con la vista de tramazon per spingerte la ponta & tu alhora fugirai la tua gamba dritta di drieto alla manca per traverso in tal fugire li tirerai dui tramacioni forte per la man sua de la spada in modo che tu sarai calato con la spada tua in cinghiara porta di ferro & per tuo riparo quando lui te tirasse o non tirasse presto tu crescerai del ditto pie dritto inanci & si li tirerai uno falso de sotta insuso con uno mandritto tondo sotto bracio e uno roverso insieme

& de qui tu abellirai il gioco cioe tu taglierai unaltro roverso in la penna del brochiero buttando el pie dritto drieto dal mancho el mancho arecogliando apresso al dritto alhora chiocarai di brochiero o montarai come disopra dissi con una ponta che andara in la guardia sopraditta porta di ferro alta con le tue bracie e gambe ben polite.

Tertia parte.

Essendo tu in la ditta porta di ferro el tuo nemico fusse in guardia alta come tu o vero che lui montasse de montante a quello tempo che lui sera montato alhora tu infingerai de spingierli de una ponta per la facia con il pie mancho passando inanzi e in tale passare tu pigliarai la spada con la man del tuo brochiere in atto de spada in armi & in tale tempo tu li darai de uno calzo con il pie dritto intel petenechio o tornandolo defatto indrieto di drieto del mancho non se fermando el mancho che tu li daghi de uno fendente insu la testa in modo che la spada tua in trarre de tal fendente acalara in porta di ferro stretta

& se alhora el tuo nimico te arespondesse de botta alcuna tu urtarai la ditta de falso desotto insuso con uno mandritto tondo per le gambe e roverso per la facia crescendo intal tirare un poco del ditto pie dritto inanci & per tuo reparo tu butterai

Chapitre 15. Du contre de la deuxième partie.

Te trouvant dans cette *porta di ferro alta* comme lui, reste attentif et regarde-le à son poing d'épée. Quand il voudra passer du pied gauche avec la feinte de *tramazzone* pour te pousser une *punta*, alors tu fuiras de la jambe droite derrière la gauche en travers en lui tirant fortement dans ce pas deux *tramazzoni* à sa main d'épée de manière à ce que tu tombes avec l'épée en *cinghiara porta di ferro*. Pour te couvrir, s'il t'attaque ou non, tu avanceras rapidement de ce pied droit devant et tu lui tireras un *falso* de bas en haut avec un *mandritto tondo* sous le bras et un *roverso* ensemble.

De là, tu embelliras le jeu, c'est-à-dire que tu tailleras un autre *roverso* dans le rebord de la bocle en lançant le pied droit derrière le gauche. Et le gauche se rapprochant du droit, tu choqueras alors la bocle ou tu monteras comme dit au-dessus avec une *punta* qui ira en cette garde de *porta di ferro alta* avec tes bras et jambes bien proprement mis.

Troisième partie.

Étant dans cette *porta di ferro* et ton ennemi étant dans une garde haute comme toi ou alors en train de monter un *montante*, alors dans ce temps où il montera tu feinteras de lui pousser une *punta* à la face en passant du pied gauche devant. Dans ce pas, tu prendras l'épée avec la main de bocle à la façon *spada in armi* et dans ce temps tu lui donneras un coup de pied au pubis. Cela fait, tu retourneras ce pied en arrière derrière le gauche, et ne t'arrêtant pas du gauche tu lui donneras un *fendente* à la tête de manière à ce que ton épée tombe dans ce coup en *porta di ferro stretta*.

Alors si ton ennemi te répond d'une botte quelconque, tu frapperas celle-ci d'un *falso* de bas en haut avec un *mandritto tondo* aux jambes et un *roverso* à la face en avançant dans ce coup un peu du pied droit devant. Pour te couvrir, tu jetteras le pied

il pie dritto de drieto dal manco e si taglierai de uno fendentt roverso in la penna del brochiero

& la gamba manca tirando apresso de la dritta in modo che tu abillirai il gioco cioe inchiocare e in montare de una ponta in atto de montante come disopra dissi E laqual ponta andara pure in porta di ferro alta siche non te dismenticare a tenere tal ordine asetandoti sempre scontro al tuo inimico arditamente con bona audacia sencia paura e facendo & tenendo tal ordine il tuo inimico non te pigliara mai prosontione adosso & sempre haverai honore.

Cap. 16. Del contrario della tertia parte.

Essendo tu in la ditta guardia alta o vero che tu fusse montato de montante el tuo nimico te fesse la vista della ditta ponta io voglio che tu sempre stia accorto non mavendo mai lochio dala man destra della Spada sua perche alla ditta vista tu non timoverai & come lui vorra darte del Calzo con il pie dritto suo a questo calzo tu li poi fare questi dui contrarii

cioe come lui alzata la ditta gamba per darte del ditto calzo alhora tu li darai della penna del Brochiere tuo in tel stincho sopraditto dalla gamba sua dritta & la tua Spada parera per testa el suo fendente & questo sia uno dei dui contrarii

& laltro contrario sia che quando lui passasse del ditto so pie mancho per fare la vista del spingiere o che anchora lui spingiesse in tal vista o spingiere che lui fara tu butterai il pie dritto de drieto al mancho & spingierai una ponta in atto dimontante laquale reuscira de sotto insuso per la facia sua, in modo che la tua spada se fermera in cinghiara porta di ferro alta

& de qui tu abellirai il gioco cioe tirando il pie mancho apresso el dritto cressendo poi del ditto mancho e chiocare de brochiere & montare a modo usato pure in la detta porta di ferro alta.

droit derrière le gauche et tu lui tailleras un *roverso fendente* dans le rebord de la bocle.

Puis tu tireras la jambe gauche près de la droite de sorte que tu embelliras le jeu, c'est-à-dire en choquant et en montant comme dit au-dessus. Et la *punta* ira bien en *porta di ferro alta* parce que tu ne dois pas oublier de suivre cette règle qui est de t'arranger toujours ardemment contre l'ennemi avec une bonne audace et sans peur. Et en suivant cette règle, ton ennemi ne sera jamais arrogant contre toi et tu garderas toujours ton honneur.

Chapitre 16. Du contre de la troisième partie.

Étant dans cette *guardia alta* ou alors en train de monter un *montante*, si ton ennemi te fait cette feinte *punta*, je veux que tu restes toujours attentif en ne bougeant jamais les yeux de sa main droite qui tient l'épée et cela parce que tu ne bougeras pas dans cette feinte. Quand il voudra te donner avec son pied droit un coup de pied, tu pourras faire deux contres à celui-ci.

C'est-à-dire que quand il lèvera sa jambe pour te donner ce coup de pied, alors tu lui donneras un coup du rebord de ta bocle dans son tibia, et ton épée parera son *fendente* à la tête. Et ceci est le premier des deux contres.

L'autre contre est que quand il passera du pied gauche pour faire la feinte de pousser ou même s'il pousse cette feinte ou encore dans la poussée qu'il fera, tu jetteras le pied droit derrière le gauche et tu lui pousseras une *punta* à la façon d'un *montante* qui frappera de bas en haut à sa face de sorte que ton épée s'arrêtera en *cinghiara porta di ferro alta*.

De là, tu embelliras le jeu, c'est-à-dire en tirant le pied gauche près du droit, puis en avançant de ce pied gauche et en choquant la bocle et en montant de manière habituelle bien dans cette *porta di ferro alta*.

Quarta parte.

Essendo come disopra dissi in la ditta porta di ferro alta & el tuo nimico fusse come tu allhora tu teli acosterai forte apresso & si li tirerai de uno tramazon per su la testa elqual non passera guardia de facia per modo ch'el tuo nimico parera con la spada el so brochiero acompagnato per il dritto filo per testa allhora che lui parera tu lasserai andare la spada el brochiero tuo per terra, e si piglierai con la tua man dritta el brochiere suo de la manca e con la manca tu piglierai la spada del nimico cioe per dentro dal brochiere della spada & volterai le tue man alla roversa per modo che tu li caverai le sue armi de mano sencia mancare.

Cap. 17. del contrario della quarta parte.

Hora essendo in porta di ferro alta come e detto e chel tuo nimico te tirasse el tramazon per metterete in parado io voglio che tu pari pure con la spada el tuo brochiere insieme stretto con le tue bracie forte distendendo inanci e come lui buttera la spada & el suo brochiere in terra per pigliarte le tue di mano e tu starai acorto come el trara dele sue mane allhora butta la gamba tua ditta uno gran passo de drieto dala manca & si tirerai uno fendente per la testa elqual acalara in cinghiara porta di ferro stretta e a questo modo el tuo nemico sera aromaso senza arme & si li harai dato in sula testa si che nota per sempre mai.

Quinta parte.

Essendo tu aporta di ferro alta o vero stretta o in coda longa e stretta de qui voglio che tu spingie una ponta con el pie manco inanci per de fora della Spada del ditto inimico per la facia se intende che lui sia a porta di ferro alta o vero sopra bracie e questo facio perche luinesca fora del suo falso della spada per parare la tua ditta ponta come per forcia lui convien

Quatrième partie.

Étant comme dit ci-dessus dans cette *porta di ferro alta* et ton ennemi étant comme toi, alors tu t'approcheras fortement de lui et tu lui tireras un *tramazzone* à la tête qui ne dépassera pas la *guardia de faccia* de manière à ce que ton ennemi pare avec le droit fil de l'épée accompagnée de la bocle à la tête. Alors quand il te parera, tu laisseras tomber ton épée et ta bocle par terre et tu prendras avec ta main droite la bocle de sa main gauche et son épée avec la main gauche, c'est-à-dire à l'intérieur de la bocle et de l'épée. Puis tu tourneras tes mains à revers de manière à ce que tu prennes les armes de ses mains sans faillir.

Chapitre 17. Du contre de la quatrième partie.

Maintenant étant en *porta di ferro alta* comme j'ai dit, si ton ennemi te tire un *tramazzone* pour te mettre en parade, je veux que tu pares bien avec l'épée et ta bocle serrées ensembles et avec tes bras forts et tendus devant. Quand il jettera son épée et sa bocle par terre pour te saisir les mains, tu resteras vigilant. Et lorsqu'il lancera ses mains alors tu jetteras ta jambe droite d'un grand pas derrière la gauche et tu lui tireras un *fendente* à la tête qui tombera en *cinghiara porta di ferro stretta*. De cette manière, ton ennemi sera resté sans arme et tu lui auras frappé à la tête. Donc note pour toujours.

Cinquième partie.

Te trouvant en *porta di ferro alta* ou *stretta*, ou en *coda longa e stretta*, de là je veux que tu pousses une *punta* à sa face avec le pied gauche devant par l'extérieur de l'épée de cet ennemi : cela implique qu'il soit en *porta di ferro alta* ou en *sopra braccio*. Et je fais cela pour que lui aille à l'extérieur avec le *falso* de son épée pour parer cette *punta* comme il convient de faire par

fare e allhora chel tuo falso tocara el suo tu li piglierai la spada sua con la man del tuo brochiero per de dentro in modo che tu li darai una storta alingioso & si li levarai la spada de mano & potrali dare de quello che tu vorrai e questo sapendo tu non poi mancare.

Cap. 18. del contrario dela quinta parte.

Essendo tu in porta di ferro alta in guardia o vero sopra bracio el tuo nimico te spingiesse una ponta per defora per la facia con il suo pie manco per farte la presa io voglio che intello spingere che tu li acompagni el falso della spada tua con el suo non movendo piede alchuno & quando lui buttera la man del brochiere suo per pigliarte la spada e tu a uno tempo medesimo li segarai uno segato dritto per la facia e uno tramazon insieme con el tuo piede dritto in tal segare fugendo in modo che la spada tua acalera in porta di ferro cinghiara stretta & in questo modo el non te verra fatto presa e si li haverai data a lui per la facia el tramazon percotera la man sua dritta & de li tu abellirai il gioco a modo usato come disopra.

Sexta parte.

Essendo pure a porta di ferro alta o stretta & el tuo nimico te tirasse per testa io voglio che in tel tirarre che tu butti il pie mancho forte inanci per lo dritto & torrai la botta del tuo nimicho con la Spada el tuo Brochiere in guardia de testa acompagnato, e tal parare tu farai volta de pugno per de dentro & piglierai la spada sua con la man del tuo brochiere & si li darai una volta alingioso per modo che tu lileverai la Spada de mano & si li darai de una ponta in tel petto o vorrai in la facia & questo non puo mancare & de fatto te aresetterai come prima te dissi.

force. Et alors que ton *falso* touchera le sien, tu lui attraperas l'épée avec ta main de bocle à l'intérieur de manière à ce que tu lui fasses une torsion vers le bas. Ainsi, tu lèveras l'épée de sa main et tu pourras lui donner ce que tu veux en sachant que tu ne pourras pas manquer.

Chapitre 18. Du contre de la cinquième partie.

Étant en garde de *porta di ferro alta* ou alors en *sopra braccio*, et ton ennemi te poussant une *punta* à la face par l'extérieur avec son pied gauche pour te faire la prise, je veux que tu accompagnes cette attaque du *falso* de ton épée sans bouger aucunement des pieds. Quand il jettera sa main de bocle pour te prendre l'épée, toi dans le même temps tu lui tailleras un *mandritto* entaillant à la face et un *tramazzone* ensemble avec le pied droit fuyant dans cette taille de sorte que ton épée tombera en *cinghiara porta di ferro stretta*. De cette manière, il ne t'aura pas fait la prise, tu lui auras donné à la face et avec le *tramazzone* tu lui auras percuté sa main droite. De là, tu embelliras le jeu de façon habituelle comme dit plus haut.

Sixième partie.

Étant bien en *porta di ferro alta* ou *stretta* et ton ennemi te tirant à la tête, je veux que dans cette attaque tu jettes fortement le pied gauche devant et que tu pares la botte de l'ennemi avec l'épée accompagnée de la bocle en *guardia di testa*. Et dans cette parade, tu feras une volte du poing par l'intérieur et tu prendras son épée avec ta main de bocle. Là, tu lui donneras un tour vers le bas de sorte que tu lèveras l'épée de sa main. Alors tu lui donneras une *punta* à la poitrine ou à la face et ceci ne peut pas être manqué. Cela fait, tu te remettras comme je te l'ai dit au début.

Cap. 19. Del contrario della sesta parte.

Hora essendo in Guardia alta o vero a porta di ferro & che tu volesse essere agente cioe el principiatore del ferire maxime con mandritti o tramazoni de questo io te haviso quando tu vorrai fare tali dritti o Tramazoni che tu non voglio chel te sia fatto presa alcuna sappi di certo quando tu tirerai tal dritto fuggie presto de roverso con il pie dritto fugendo de drieto del mancho & la tua spada andara in coda longa & alta & a questo modo non te potera essere fatto presa alcuna

& anchora quando tu li tirerai tramazon alcuno io te conforto che tu non traghe mai uno senza dui o tri & se tu non tresse dui fermi fa che sempre tu ne traghi anchora uno fugiendo che a cali a cinghiara porta di ferro stretta & se cosi farai non ti puo essere fatto presa alcuna si che tien questo per certo.

Settima parte.

Hora Nota che essendo tu in coda longa e stretta o vero a porta di ferro alta come disopra te dissi e anchora stretta o in guardia alta el tuo nemico fusse dove se volesse pure che lui sia in le guardie alte e a tempo che lui se aretrovera in le ditte guardie alte e tu alhora passarai con il pie mancho inanci & in tal passare tu spingierai de una ponta in fallo per la tempia dritta del nemico e a uno medesimo tempo tu farai vista de darli de uno mandritto dal suo late mancho buttando in tal vista il pie dritto inverso ale sue parte stanche & si li darai de uno roverso per la cossa dritta & per tuo reparo tu butterai il pie dritto di drieto del mancho & si tagliarai uno Roverso fendente in la penna del tuo brochiero & de qui tu abellirai il gioco a modo usato.

Chapitre 19. Du contre de la sixième partie.

Maintenant, étant en *guardia alta* ou en *porta di ferro* et voulant être agent, c'est-à-dire le premier à attaquer, généralement avec des *mandritti* ou des *tramazzoni* dont je t'ai avisé. Comme tu ne veux pas qu'il te soit fait une quelconque prise quand tu voudras faire de tels *mandritti* ou *tramazzoni*, tiens pour certain que quand tu tireras un tel *mandritto* de devoir fuir rapidement du pied droit derrière le gauche avec un *roverso*. Ton épée ira ainsi en *coda longa e alta* et il ne pourra te faire aucune prise de cette manière.

Également, quand tu lui tireras un quelconque *tramazzone*, je t'invite à lui en donner non pas un, mais deux ou trois. Mais n'en tire pas deux de pied ferme et fais que toujours tu en tailles un en fuyant et qui tombera en *cinghiara porta di ferro stretta*. Ainsi fait, il ne pourra t'être réalisé aucune prise, ainsi tiens ceci pour certain.

Septième partie.

Maintenant, note qu'étant en *coda longa e stretta* ou alors en *porta di ferro alta* ou *stretta* comme dit au-dessus, ou encore en *guardia alta*, et ton ennemi se trouvant là où il le désire tant qu'il soit dans une garde haute, ou bien dans le temps où il se retrouvera dans cette garde haute, tu passeras alors avec le pied gauche devant et dans ce pas tu pousseras une *punta in falso* à la tempe droite de l'ennemi. Dans un même temps, tu feras semblant de lui donner un *mandritto* à son côté gauche en jetant dans cette feinte le pied droit vers son côté gauche et tu lui donneras un *roverso* à la cuisse droite. Pour te couvrir, tu jetteras le pied droit derrière le gauche et tu tailleras alors un *roverso fendente* dans le rebord de ta bocle. De là, tu embelliras le jeu de façon habituelle.

Cap. secondo del contrario della settima parte.

Hora Guarda che io te voglio dare uno bello contrario a uno che te tirasse de uno tramazon a te quando tu fussi a porta di ferro larga o stretta o alta se intende che lui contra passasse con il pie mancho per traverso inverso alle tue parte dritte per batterte el bracio dala Spada tua o la testa Si che guarda ben che quando lui contrapassara del ditto pie mancho con el tramazon, tu tirerai un pocola gamba dritta & anchora il bracio della Spada tua a te tanto quanto tu poi considerare chel ditto tramazon non te possa cogliere e passato subito che sara el ditto tramazon tu crescerai del tuo pie dritto & si li darai de uno roverso tondo per la facia tagliando intal roverso de uno fandente roverso in la penna del brochiere el pie dritto andara de drieto dil mancho in modo che tu li abellirai il gioco come desopra dissi.

Cap. 21. Del secondo contrario aroverso per gamba.

Anchora io te voglio dare un'altro contrario per uno che tresse de roverso per gamba quando tu fusse sopra braccio. Essendo ti sopra bracio e che uno te tresse el ditto roverso per gamba voglio che tu butti el pie mancho inverso le parte dritte del nemico in questo buttare metterai il piatto de la Spada tua sotto el suo roverso & si li darai de uno roverso in tel collo alui o in la testa & si te asseterai in coda longa & alta e li serai in ordine per parare se lui te tresse.

Tertio contrario al ditto Roverso.

E ancora el ditto roverso per gamba tragandolo lui el ditto tuo nimico tu incavalcarai la gamba dritta sopra alla mancha & lassarai passare el suo roverso passato chel sera presto tu crescerai della ditta gamba dritta inanci & si li darari d'uno roverso in la tempia dritta & la tua Spada andara in coda longa e stretta & li te asseterai ben polito con le tue bracie ben distese.

Chapitre 20. Du contre de la septième partie.

Maintenant, regarde, car je veux te donner un beau contre à celui qui te tire un *tramazzone* quand tu es en *porta di ferro larga* ou *stretta* ou *alta*, comprends quand il contre-passe avec le pied gauche de travers vers ton côté droit pour te battre ton bras d'arme ou ta tête. Ainsi, regarde bien que quand il contre-passera de ce pied gauche avec le *tramazzone*, tu tireras un peu à la jambe droite et aussi ton bras d'épée à toi autant que nécessaire pour que ce *tramazzone* ne puisse t'atteindre. Et aussitôt que ce *tramazzone* sera passé, tu avanceras ton pied droit et tu lui donneras un *roverso tondo* à la face en taillant dans ce *roverso* un *roverso fendente* dans le rebord de la bocle. Et le pied droit ira derrière le gauche de sorte que tu embelliras le jeu comme dit au-dessus.

Chapitre 21. Du second contre au roverso à la jambe.

Je veux te donner également un autre contre à quelqu'un qui te tire un *roverso* à la jambe quand tu te trouves en *sopra braccio*. Étant en *sopra braccio* et quelqu'un te tire ce *roverso* à la jambe, je veux que tu jettes le pied gauche vers le côté droit de l'ennemi et dans ce pas tu mettras le plat de ton épée sous son *roverso*, puis tu lui donneras un *roverso* au cou ou à la tête et tu t'arrangeras en *coda longa e alta*. Là, tu seras prêt à parer s'il t'attaque.

Troisième contre à ce roverso.

Et également pour ce *roverso* à la jambe que ton ennemi te taille, tu monteras la jambe droite sur la gauche et tu laisseras passer son *roverso*. Une fois que celui-ci sera passé, tu avanceras rapidement la jambe droite devant et tu lui donneras alors un *roverso* à la tempe droite et ton épée ira en *coda longa e stretta*. Là, tu t'arrangeras bien proprement avec les bras bien tendus.

Quarto contrario al sopraditto Roverso.

Sapendo che a questo roverso per gamba in quel tempo tragando lui presto voglio che tu tiri el pie dritto apresso dil mancho & el ditto roverso passara e passato chel sara il sopraditto tu butterai el pie mancho inanci inverso allesue parte dritte & si li darai de uno roverso spinto per la tempia dritta in modo che tu ti atroverai in Coda longa e alta & sapi questo per sempre mai che tirando il pie dritto dove el mancho in tal tempo buttando inanci el se domanda uno Camuffo de piedi adonque nota per un'altra volta.

Ottava parte del ditto tertio assalto.

Io voglio che quando tu serai a porta di ferro alta & el tuo nemico fusse in questo medesimo atto voglio che tu ti sforci a tocare falso con falso e alhora che tu serai a falso con falso tu passerai con el pie mancho forte inverso le sue parte dritte, e spingiendogli una ponta forte per la facia voltando el polso della man tua alingioso el filo dritto sera scontro del suo filo falso & la tua mano alciando forte alinsuso per modo che per forcia lui bisognera che elci el pugno della spada sua e ti alhora li farai una presa con la man del brochiere tuo per de dentro come di sopra te dissi & si li poi levare la spada de mano se a te piacera.

Cap. 22. Del contrario della ottava parte.

Sappi quando tu serai a porta di ferro alta & el tuo nemico fusse in questo medesimo & che tu volesse essere paciente cioe vedere quello che volesse fare el ditto inimico io voglio che tu staghi a tento che quando tu toccassi falso con falso tu gli guardarai bene alla mano della spada sua per amore della ditta presa o altra botta che lui volesse fare

Quatrième contre à ce roverso.

Sache qu'à ce *roverso* à la jambe, pendant le temps où il le taillera je veux que tu tires rapidement le pied droit près du gauche pour le laisser passer. Une fois celui-ci passé, tu jetteras le pied gauche devant vers son côté droit et tu lui donneras alors un *roverso spinto* à la tempe droite de sorte que tu te retrouveras en *coda longa e alta*. Et sache cela pour toujours, que tirer le pied droit là où est le pied gauche en le jetant devant pendant ce temps se dénomme un camouflage des pieds. Donc prends note pour une autre fois.

Huitième partie du troisième assaut.

Je veux que lorsque tu es en *porta di ferro alta* et que ton ennemi est de cette même façon, que tu te forces à toucher *falso* contre *falso*. Et alors que tu seras *falso* contre *falso*, tu passeras avec le pied gauche fortement vers son côté droit en lui poussant une *punta* fortement à la face en tournant le poignet de ta main vers le bas de sorte que ton droit fil soit contre son *falso*. Et tu lèveras ta main fortement vers le haut de sorte que par force il lui sera nécessaire qu'il lève son poignet d'épée. Alors tu lui feras une prise avec la main de la bocle par l'intérieur comme je t'ai dit au-dessus. Et alors tu pourras lui lever l'épée des mains si cela te plaît.

Chapitre 22. Du contre de la huitième partie.

Sache que quand tu seras en *porta di ferro alta* et que ton ennemi sera dans cette même garde et que tu voudras être patient, c'est-à-dire attendre ce que voudra te faire l'ennemi, je veux que tu restes attentif pour que quand il te touchera à *falso* contre *falso* tu le regardes bien à sa main d'épée en raison des prises ou de toute autre botte qu'il voudra te faire.

e tu alhora vedendolo passare del ditto pie mancho per defora con la sua ponta spingiando per desconciarti abella man perche tu sollievi infora il ditto tuo bracio dritto & qui le da considerare che lui ti vole fare la ditta presa o altra botta siche vedendo tu tale passare tu butterai il pie dritto uno gran passo de drieto dil mancho & se fara una meza volta di pugno in modo che tu serai a filo dritto con filo dritto e serai in coda longa e alta A questo modo el non te fara dispiacere alcuno e serai bono come lui.

Cap. 23. Della difinitione de filo falso con filo falso.

Sappi che cio che hai trovato scritto da qui inanci cioe in comenciando intel tertio asalto sono tutte cose di megia spada Ma le ben vero che non se possano fare se non in falso per falso e ancora eccene alcuno che se possano fare dalla longe e ancora da presso. Ma pure vanno alla ditta megia spada o vero allo stretto sopra ditto e voglio che tu sappi che tutti questi spingere de megia spada che ho composto da qui inanci in el tertio assalto non se po spingere se non de ponta infalso e pero loro se domanderanno stritti a falso per falso

adonque nota che io te mettero a filo dritto con filo dritto.

Cap. 24. De una dechiaratione de l'arte de meza spada.

Tu sai che in el tertio assalto & in alcuni altri lochi io te ho mostrato che cosa se puo fare a falso per falso Ma nota per Regola vera che non li ho messo se non cose bone e brevi e utile per li toi scholari & sapendo tu che se io l'havesse voluto mettere ogni cosa non liaveria bastato dieci Libri piu grandi che non e questo conciosia cosa che l'arte del scrimire non glie fondamento per gente che habiano intelligentia & che se vogliano movere de passo siche al presente non diro piu oltra perche io voglio dare principio a filo dritto con filo dritto, & per questo respetto al presente tu haverai pacientia.

Toi alors, le voyant passer du pied gauche vers l'extérieur en poussant une *punta* pour bien te découvrir la main parce que tu soulèveras à l'extérieur ton bras droit, là il devra être considéré que lui veut te faire cette prise ou une autre botte. Donc voyant un tel pas, tu jetteras le pied droit d'un grand pas derrière le gauche et alors tu feras une demi-volte du poing de sorte que tu sois droit fil contre droit fil, et tu seras alors en *coda longa e alta*. De cette manière, il ne te fera aucun déplaisir et tu seras bien comme lui.

Chapitre 23. La fin du faux fil contre faux fil.

Sache que ce que tu as trouvé écrit ici avant, c'est-à-dire le début du troisième assaut, sont toutes des choses de la mi-épée. Et il est bien vrai qu'on ne peut pas les faire sinon à *falso* contre *falso*. Également, il n'y en a aucune que l'on puisse faire de loin ou de près, mais en allant bien à cette mi-épée ou bien aux estrettes ci-dessus. Je veux que tu saches que toutes ces attaques de mi-épée que j'ai composées ici avant dans le troisième assaut ne peuvent se pousser sinon de *punta in falso*, et par cela elles sont dénommées les estrettes à *falso* contre *falso*.

Donc, note que je vais te donner le droit fil contre droit fil.

Chapitre 24. Une déclaration sur l'art de la mi-épée.

Tu sais que dans le troisième assaut et à certains endroits, je t'ai montré des choses qui peuvent se faire à *falso* contre *falso*. Mais note pour règle véritable que je n'ai rien mis sinon que des choses bonnes, brèves et utiles pour tes élèves. Sache que si j'avais voulu mettre toutes les choses, dix livres n'auraient pas suffi à cela, et comme l'art de l'escrime n'est pas fondamental pour les gens intelligents et que je veux avancer, à présent, je ne dirai rien d'autre, car je vais donner le début à droit fil contre droit fil, et pour ce respect tu feras maintenant preuve de patience.

Cap. 25. Che volendo andare atrovare el tuo nimico con filo dritto per filo dritto in che guardia la da essere.

Sappi che volendo andare atrovare uno a filo dritto per filo dritto bisogna che tu timetti in le guardie basse maxime aporta di ferro stretta o vero alta o in coda longa e alta anchora a cinghiara porta di ferro sia stretta o larga e anchora tu li poi andare di guardia distesa pure che lui sia in queste guardie lequale tu vederai qui scrite

in prima bisogna che volendo andare a filo dritto con filo dritto che tu l'atrovi a porta di ferro alta o stretta in coda longa e stretta e anchora in qualche altro loco come tu sai ma prima diremo in che modo tu lientrerai de coda longa e alta pero guarda bene che quello che mettero qui anchora se potera fare de queste medesime cose con altre sorte de armi maxime in spada da due mane e Spada sola e anchora Spada e brochiero largo o Targa e anchora qualche cosa de Rodella non te dico impero che se possano fare tutte ma una gran parte cosi in filo dritto come in filo falso siche per tanto faciote avisato a ben ch'io te lo habia insegnato personalmente Ma questo facio se per alcuno tempo tu stessi che non exercitasse l'arte sopradita tu te recorrerai sopra questo Libro e legierai e in questo modo tu te aricorderai ogni cosa ma te conforto bene che exercitando anchora la ditta arte del schermire che tu voglia qualche volta per tua utilitade legiere in questo Libro & anchora adoperarte e farte bono pratico perche voglio che tu sappi che qualche volta vale tanto una bona pratica quanto una bona scientia e per questo non te maravigliare.

Chapitre 25. Dans quelle garde tu dois être quand tu veux aller trouver ton ennemi à droit fil contre droit fil.

Sache que si tu veux aller trouver quelqu'un à droit fil contre droit fil, tu dois te mettre dans les gardes basses, généralement en *porta di ferro stretta* ou *alta*, ou en *coda longa e alta*, ou également en *cinghiara porta di ferro* soit *stretta* soit *larga*. Tu peux aussi aller à lui en *guardia distesa*. Et il devra être aussi dans une de ces gardes que tu verras ici écrites.

En premier, il est nécessaire que voulant aller à droit fil contre droit fil que tu le trouves en *porta di ferro alta* ou *stretta*, ou en *coda longa e stretta*, ou encore dans certaines autres gardes comme tu sais. Mais nous dirons qu'en premier tu entreras sur lui en *coda longa e alta*. Alors regarde bien ce que je vais mettre ici, car cela pourra également se faire de la même façon avec d'autres sortes d'armes, notamment à l'épée à deux mains, à l'épée seule, également à l'épée avec la grande bocle ou la targe, et aussi parfois à la rondache. Je ne te dis pas cependant que tout peut se faire, mais une grande partie le peut, aussi bien à droit fil qu'à faux fil. De sorte qu'en conséquence je t'en avise bien que je te l'ai enseigné personnellement. Mais cela est fait dans le cas où tu te trouverais sans pouvoir exercer l'art ci-dessus pendant un certain temps pour que tu puisses te rappeler de toutes ces choses en retournant à ce livre et en les lisant. Et je t'informe bien que t'exerçant aussi dans cet art de l'escrime que tu doives quelques fois lire ce livre pour ton profit et aussi t'employer à en faire bonne pratique, parce que je veux que tu saches que parfois il vaut autant une bonne pratique qu'une bonne science, et de ceci ne t'émerveille pas.

Cap. 26. Della prima parte de filo dritto.

Hora comenciaremo Al nome de Dio la prima parte de filo dritto con filo dritto maxime aritrovandote in coda longa & alta con il pie manco inanci ma te mettero di questa guardia poche cose perche la non e appropriata troppo intel Brochiere stretto ora guarda bene che essendo in la ditta coda longa & alta el tuo nemicho fusse dove io te ho detto qui in questo tu li spingierai una ponta dritta de dentro tra la Spada el suo brochiere laquale li andara per la facia & lui per paura della ditta ponta descoprira le sue parte dritte alhora tu passerai del tuo pie mancho inverso alle sue parte dritte e farai vista de voltare de uno roverso non movendo la Spada tua acostata dala sua, e in tal vista de roverso tu lassarai piovere la Spada con la ponta verso terra in atto de molinello & lasserai la tua & piglierai la sua per modo che glie la liverai de mano Cioe tu li darai de una storta alingiuso A questo modo lui sera senza Spada & si li potrai dare de quello che tu vorrai.

Cap. 27. Del contrario dela prima parte de filo dritto.

Essendo tu in le guardie basse maxime con il tuo pie dritto inanci el tuo nemicho volesse intrare con ti a filo dritto cioe a megia Spada volendo tu essere paciente in stare aspetare lo inimicho che te fesse presa per inganarlo alhora volendolo ingannare tu lo lassarai intrare sicuramete ma guardali alla man sua dala Spada che quando lui passara dil pie mancho per fare la vista non te moverai ma quando lui buttera la Spada sua in terra alhora tu alzarai el pugno dela Spada tua in laiera se andarai in guardia alta fugiendo in tale alzare il pie dritto di drieto del mancho & si li darai de uno fendente in su la testa per modo che la tua spada acalara acinghiara porta di ferro stretta & lui sera arestato senza spada in mano.

Chapitre 26. De la première partie au droit fil.

Maintenant, je commencerai au nom de Dieu, la première partie à droit fil contre droit fil, te retrouvant généralement en *coda longa e alta* avec le pied gauche devant. Cependant, je te mettrai peu de choses de cette garde, car elle n'est pas appropriée, car trop serrée avec la bocle. Maintenant, regarde bien qu'étant dans cette *coda longa e alta* et ton ennemi étant où je t'ai dit, tu lui pousseras une *punta dritta* à l'intérieur entre l'épée et sa bocle qui ira à sa face. Par peur de cette *punta*, il se découvrira son côté droit, tu passeras alors de ton pied gauche vers son côté droit et tu feras semblant de lui tourner un *roverso* sans bouger ton épée jointe à la sienne. Dans cette feinte de *roverso*, tu laisseras pivoter l'épée avec la pointe vers le sol à la façon d'un *molinello*, tu laisseras la tienne et prendras la sienne de sorte que tu la lui enlèveras des mains, c'est-à-dire que tu lui donneras une torsion vers le bas. De cette manière, il sera sans épée et tu pourras lui donner de ce que tu voudras.

Chapitre 27. Du contre de la première partie au droit fil.

Étant en garde basse, généralement avec ton pied droit devant, et ton ennemi voulant entrer avec toi au droit fil, c'est-à-dire à la mi-épée, si tu veux être patient alors tu resteras attentif à l'ennemi qui te fait une prise afin de le tromper. Toi voulant le tromper, tu le laisseras alors entrer en sécurité, mais en le regardant à sa main d'épée. Quand il passera du pied gauche pour te faire une feinte, tu ne bougeras pas, mais quand il jettera son épée par terre alors tu lèveras ton poing d'épée en l'air et tu iras en *guardia alta* en fuyant dans ce mouvement du pied droit derrière le gauche. Tu lui donneras alors un *fendente* à la tête de sorte que ton épée tombera en *cinghiara porta di ferro stretta*, et lui restera sans épée en main.

Seconda parte.

Essendo arestato in tel contrario di questa prima stretta defilo dritto con filo dritto in cinghiara porta di ferro stretta de qui voglio che tu sia agente Cioe tu serai el primo a intrare al ditto filo dritto come te diro tu passerai del tuo pie dritto innanci atrovandolo lui a porta di ferro alta o stretta o vero larga & se intrerai con lui al ditto filo dritto in fogia de guardia de facia essendo intrato colui al ditto filo dritto.

Cap.28 Del contrario dela seconda parte.

Subito tu farai una megia volta di pugno a lingioso per modo chel falso tuo sero contra el filo dritto del nemicho alciando un puoco la man tua dritta alinsuso per modo che la ponta della spada tua li andara alla facia, e lui per paura della ditta ponta spingieta el bracio tuo dritto inverso ale sue parte stanche & tu a uno tempo passerai del pie manco inverso le sue parte dritte & si li pigliarai il bracio della spada sua con la man del tuo brochiere & in questo medesimo pigliare tu li darai de uno roverso in la testa o vorrai una ponta intel corpo se tu non volessi farli la ditta oresa tu li poi dare della penna del brochiere de fora del ditto bracio suo dritto e in tal tempo che tu li darai del brochiere tu li darai anchora de roverso in la testa & sappi che questa si e una gran percossa & per tuo reparo tu resterai con la spada el tuo brochiere in coda longa & alta & quando tu farai li ditti roversi contrapassati dil pie manco tu li seguitarai el dritto per di drieto sempre mai.

Deuxième partie.

Étant resté dans le contre de cette première estrette à droit fil contre droit fil en *cinghiara porta di ferro stretta*, de là je veux que tu sois agent, c'est-à-dire que tu sois le premier à entrer à ce droit fil comme je te dirai. Tu passeras du pied droit devant, le trouvant en *porta di ferro alta* ou *stretta* ou encore *larga*, et alors tu entreras avec lui au droit fil à la manière de la *guardia de faccia*.

Chapitre 28. Du contre de la deuxième partie.[3]

Tu feras aussitôt une demi-volte du poing vers le bas de sorte que ton *falso* soit contre le droit fil de l'ennemi, en levant un peu ta main droite vers le haut de sorte que la pointe de ton épée lui aille à la face. Par peur de cette pointe, il poussera ton bras droit vers son côté gauche et en un temps tu passeras du pied gauche vers son côté droit et là tu lui prendras son bras d'épée avec ta main de la bocle. Et dans cette même prise, tu lui donneras un *roverso* à la tête ou alors une *punta* au corps. Si tu ne veux pas faire cette prise, tu peux lui donner du rebord de la bocle à l'extérieur de son bras droit. Et pendant ce temps où tu donneras de ta bocle, tu lui donneras également un *roverso* à la tête. Et sache que ceci est une grande percussion. Pour te couvrir, tu resteras avec l'épée et la bocle en *coda longa et alta* et quand tu feras ces *roversi*, tu contre-passeras du pied gauche et tu feras toujours suivre le droit par-derrière.

---

[3] : on notera ici une mauvaise division des chapitres qui décale de ce fait tous les suivants. Erreur de chapitrage qui est corrigée dans les éditions suivantes.

Tertia parte.

Essendo tu a porta di ferro alta o stretta o vero larga el tuo nemicho volesse intrare con ti a filo dritto per filo dritto voglio che tu sappi che se tu voi el non li vignira tenendo tutto l'ordine che io te ho insegnato ma pure se tu volesse esser paciente tu lo lasserai intrare al ditto filo dritto e come lui sara intrato guardali ale mane per amore dele prese & se lui voltasse el suo falso contra al tuo dritto filo con la man sua alta non te moverai ma come lui passara del suo pie mancho per fare presa o darti del brochiere in tel bracio della Spada alhora tu butterai il pie dritto forte de drieto dal mancho & si li segarai uno roverso per lo suo bracio dritto o per lo collo & segato che tu haverai el ditto roverso per piu tuo reparo tu fugirai il pie mancho di drieto del dritto & si te metterai con la spada in guardia de facia acompagnata la man dala spada con quella del brochiere con le tue bracie ben distese per lo dritto dela facia del nemico.

Troisième partie.

Étant en *porta di ferro alta* ou *stretta* ou encore *larga*, et ton ennemi voulant entrer avec toi à droit fil contre droit fil, je veux que tu saches que si tu ne veux pas qu'il vienne, tu suivras toutes les règles que je t'ai enseignées. Mais si tu veux être patient, tu le laisseras entrer à droit fil et quand il sera entré, regarde-le à ses mains à cause des prises. S'il tourne son *falso* contre ton droit fil avec sa main haute, tu ne bougeras pas. Quand il passera de son pied gauche pour faire la prise ou donner de la bocle dans ton bras d'épée, tu jetteras alors fortement le pied droit derrière le gauche et tu lui tailleras un *roverso* à son bras droit ou au cou. Et une fois que tu auras fait ce *roverso*, pour plus te couvrir tu fuiras du pied gauche derrière le droit et tu te mettras alors avec l'épée en *guardia di faccia* en accompagnant ta main d'épée de celle de la bocle, avec tes bras bien tendus vers la face ennemie.

Cap. 29. Del contrario della tertia parte.

Hora guarda qui che quando tu fussi in coda longa & alta o vero a porta di ferro stretta overo alta o in coda longa e stretta el tuo nemicho fusse lui a porta di ferro alta o stretta de qui tu intrarai presto con lui a filo dritto per filo dritto con il pie dritto inanci forte per lo dritto e de fatto tu butterai el mancho inverso ale sue parte dritte faciando vista in tale passare de darli de roverso per la testa & in tal vista tu butterai la spada tua per de drieto de le tue spalle & in uno medesimo buttare tu caciarai la testa sotto a la sua lasina dritta e con el bracio dritto tu li piglierai la gamba dritta sentendo che tu caci el ditto bracio tra le sue gambe. E a questo modo tu telo butterai di drieto da le spalle o vorrai portarlo via e questo non puo mancare.

Quarta parte.

Essendo tu a porta di ferro alta o stretta el tuo nemicho intrasse con tia filo dritto con filo dritto habbi el core che volendo tu essere paciente bisogna che tu li guardi ale mani perche io voglio che tu sappi che guardandoli alle mane al non te potra fare cosa che tu non lo veda si che facio a te intendere che quando lui passara del pie mancho inverso alle tue parte dritte non te movere per infino che lui non butta la sua spada via alhora come lui hara buttata via la ditta spada per ficarte la testa sotto alla tua lasina e ti presto butterai la gamba dritta forte de drieto alla manca e in questo buttare tu li darai de uno roverso redoppio de gamba levata E questo non potra mancare anchora voglio che tu sappi che li poi dare del brochiere tuo in la testa con la penna.

Chapitre 29. Du contre à cette troisième partie.

Maintenant, regarde que si tu es en *coda longa e alta*, ou encore en *porta di ferro stretta* ou *alta*, ou en *coda longa e stretta* et que ton ennemi est en *porta di ferro alta* ou *stretta*, de là, tu entreras rapidement avec lui à droit fil contre droit fil avec le pied droit fortement devant. Cela fait, tu jetteras le gauche vers son côté droit en faisant semblant dans ce pas de lui donner un *roverso* à la tête. Dans cette feinte, tu jetteras ton épée par derrière tes épaules et dans ce mouvement tu chasseras ta tête sous son aisselle droite et tu lui prendras la jambe droite avec le bras droit. Comprends que tu chasses ce bras entre ses jambes. De cette manière tu le jetteras par derrière les épaules ou alors tu l'emporteras, et tu ne peux pas faillir à cela.

Quatrième partie.

Étant en *porta di ferro alta* ou *stretta* et ton ennemi entrant avec toi à droit fil contre droit fil, ayant le courage de vouloir être patient il est nécessaire que tu regardes à ses mains parce que je veux que tu saches qu'en regardant celles-ci il ne pourra rien te faire sans que tu ne les voies. Donc, je te fais comprendre que quand il passera du pied gauche vers ton côté droit, tu ne bougeras pas avant qu'il ne jette son épée. Une fois qu'il aura jeté cette épée pour passer la tête sous ton aisselle, tu jetteras rapidement et fortement ta jambe droite derrière la gauche et dans ce pas tu lui donneras un *roverso redoppio de gamba levata*. Et tu ne pourras pas manquer cela. Je veux que tu saches également que tu peux lui donner un coup du rebord de ta bocle dans la tête.

Cap. 30. Del contrario della Quarta parte.

Hora guarda bene che essendo tu a porta di ferro alta o in guardia de coda longa e alta o in coda longa e stretta le da considerare che volendo tu essere agente cioe el primo a intrare con el tuo nimicho a megia Spada maxime a filo dritto con filo dritto bisogna a volere andare sicuramente che tu lo trovi in guardia alta o a porta di ferro alta alhora trovandolo in queste due sopradite guardie tu intrerai con lui prestamente al ditto filo dritto con la man tua dala spada acompagnata sotto el tuo brochiere e questo facio che essendo lui in guardia alta el non ti percotesse la mano dritta & subito che tu sara a filo dritto con lui tu voltarai el falso della spada tua contra el filo dritto suo per modo che tu li segarai de uno roverso per la facia alhora lui per paura dello roverso alciara il bracio suo dritto e tu a uno medesimo tempo li darai de uno dritto redoppio dentro del ditto bracio dritto con uno roverso de gamba levata de fora pure del suo bracio dritto & per tuo reparo tu li abellirai ilgioco a modo usato & si tornerai a porta di ferro alta con el brochiere tuo ben polito.

Quinta parte.

Essendo tu tornato in guardia alta o in porta di ferro alta sappi che qui le da considerare che tu poi essere agente e patiente ma pure vedendo tu el tuo nimicho in una di queste guardie sopraditte le da pensare che lui ha gran fantasia di venire con ti al ditto filo dritto ma guarda bene che quando lui sera intrato per velocita di mane che lui non te agabasse e pero tu starai acorto che quando lui vorra voltare el falso della Spada sua per segarte in la facia tu butterai el pie dritto de drieto dal mancho e in tal buttare tu trarrai uno gran tramazon per lo suo bracio o man dala spada per modo che la spada tua acalara in porta di ferro cinghiara alta & a questo modo tu harai rotto la sua fantasia e non te hara possuto dare del roverso segatto ne del mandritto redopio e anchora non te hara dato del roverso de gamba levata Siche per questo se po tale volte essere paciente per provare un homo maxime tu che sai labe inanci e indietro.

Chapitre 30. Du contre de la quatrième partie.

Maintenant, regarde bien qu'étant en *porta di ferro alta* ou en garde de *coda longa e alta*, ou en *coda longa e stretta*, il doit être considéré que voulant être agent, c'est-à-dire le premier à entrer sur ton ennemi à la mi-épée, généralement à droit fil contre droit fil, il est nécessaire que tu le trouves en *guardia alta* ou en *porta di ferro alta* si tu veux aller de manière sûre. Le trouvant donc dans l'une de ces deux gardes, tu entreras rapidement avec lui au droit fil avec ta main d'épée accompagnée de ta bocle par-dessus de sorte qu'il ne puisse pas te frapper la main droite s'il est en *guardia alta*. Aussitôt que tu seras au droit fil sur lui, tu tourneras le *falso* de ton épée contre son droit fil de sorte que tu tailleras un *roverso* à la face. Alors par peur du *roverso*, il lèvera son bras droit et dans ce même temps tu lui donneras un *mandritto redoppio* à l'intérieur de ce bras droit avec un *roverso de gamba levata* bien vers l'extérieur de son bras droit. Pour te couvrir, tu embelliras le jeu de façon habituelle et tu retourneras en *porta di ferro alta* avec ta bocle bien proprement.

Cinquième partie.

Étant retourné en *guardia alta* ou en *porta di ferro alta*, sache que là tu peux être agent et patient. Mais si ton ennemi vient bien dans l'une de ces gardes susmentionnées, on doit penser qu'il a le grand désir de venir avec toi à ce droit fil. Regarde bien qu'il ne te trompe pas par la vitesse de ses mains quand il sera entré. Tu resteras ainsi attentif et quand il voudra tourner le *falso* de son épée pour te tailler la face, tu jetteras le pied droit derrière le gauche et dans ce pas tu tireras un grand *tramazzone* à son bras ou à sa main d'épée de sorte que ton épée tombera en *cinghiara porta di ferro*. Tu auras brisé son dessein de cette façon et il ne pourra pas te tailler avec le *roverso* ni le *mandritto redoppio*, et il ne t'aura pas donné également le *roverso de gamba levata*. On peut avec cela être parfois patient pour prouver à quelqu'un généralement que tu connais bien l'avant et l'après.

Cap. 31. Del contrario della quinta parte.

Hora guarda qui che essendo tu condutto a filo dritto per filo dritto con el tuo nimicho de qui tu urterai in la Spada sua del tuo elcio in dentro per modo che tu li darai de uno roverso intrando per la tempia dritta passando in tale urtare del pie mancho inverso alle parte dritte del ditto inimicho metando el brochiere tuo intel bracio della spada sua e per tuo reparo tu butterai el pie dritto di drieto del mancho e se te metterai con la Spada el tuo Brochiere in guardia de facia.

Sexta Parte

Hora guarda bene che quando tu serai condutto al ditto filo dritto el tuo nimicho volesse urtare de lelcio suo in la spada tua per darte del roverso intrando in tella tempia dritta io voglio che tu sappi che eglie dibisogno che in tale urtare che tu butti el pie dritto de drieto del mancho, e in questo buttare tu farai una megia volta de pugno infora dal tuo lato dritto e pigliarai la spada tua con la man del tuo brochiero a megio in fogia de Spada in armi & a uno medesimo tempo tu butterai el pie dritto de drieto del mancho, & si li darai de uno fendente insu la testa per modo che la Spada tua acalara in porta di ferro stretta ben polito.

Chapitre 31. Du contre de la cinquième partie.

Maintenant, regarde qu'étant amené à droit fil contre droit fil avec ton ennemi, tu frapperas de là de ta garde dans son épée à l'intérieur de sorte que tu lui donneras un *roverso* entrant à la tempe droite en passant dans cette frappe avec le pied gauche vers son côté droit et en mettant ta bocle dans son bras d'épée. Pour te couvrir, tu jetteras le pied droit derrière le gauche et tu te mettras avec ton épée et ta bocle en *guardia de faccia*.

Sixième partie.

Maintenant, regarde bien que lorsque tu seras amené à droit fil contre droit fil et que ton ennemi veut frapper sa garde dans ton épée pour te donner un *roverso* entrant dans la tempe droite, je veux que tu saches qu'il est nécessaire que dans cette frappe tu jettes le pied droit derrière le gauche et que tu fasses dans ce pas une demi-volte du poing à l'extérieur par ton côté droit. Tu prendras ton épée au milieu avec ta main de la bocle à la façon de *spada in armi* et en même temps tu jetteras le pied droit derrière le gauche, tu lui donneras alors un *fendente* à la tête de sorte que ton épée tombera bien proprement en *porta di ferro stretta*.

Cap. 32. Del contrario della sexta parte.

Sappi che quando tu serai condutto al ditto filo dritto tu spingierai forte con lelcio dela spada tua in la spada del tuo nimico in dentro cioe inverso alle sue parte manche e in tale urtare tu butterai la tua gamba manca in cavalcada per difora alla sua dritta e la man tua dal brochiero sendendo il bracio tu glie metterai a traverso della gola sua da lato dentro per modo che tu calarai el ditto bracio infora forte & la tua gamba manca in dentro in atto de gambarola tanto che tu li farai cadere indrietto in terra e sentendo che in tal passare de gamba e di brazze mettute in luoco sopradetto che tu non abandoni la spada tua da la sua.

Cap. 33. Del pro e contra di questa stretta disopra a filo dritto con filo dritto.

Essendo condutto al ditto filo dritto el tuo nimicho te urtasse de lelcio de la spada sua in la tua per possere passare dil tuo pie manco per farte la gambarola con elbratio suo dritto in la tua gola per farte cadere indrieto alhora tu vedendolo passare della sua gamba mancha inverso ale tue parte dritte buttarai presto la tua gamba dritta forte de drieto da la mancha per modo che tu li darai de uno rovarso in quella gamba laquale sara passata per farte cadere a questo modo tu lo harai gabato e la tua Spada non passa guardia de coda longa e alta e starai stretto con la spada tua el tuo brochiere.

Ma guarda che quando tu serai condutto a filo dritto per filo dritto qui le da considerare se tu sei presto di mane o si o no se tu sei presto cioe de mane tu urterai de lelcio de la Spada tua in la sua alinsuso & si li darai de uno roverso per cossa non movendo ne pie ne gamba e presto per tuo areparo tu tornerai alinsusu con la spada tua in spada in armi cioe tu la piglierai con la man del brochiere tuo facendoti picolo sotto la ditta spada in armi & sappi che questa sie una polita botta a fare per piacere per uno che sia presto di mano & uno che sia pigro non lo facia per niente.

Chapitre 32. Du contre de la sixième partie.

Sache que quand tu seras conduit à ce droit fil, tu pousseras fortement avec la garde de ton épée dans l'épée de ton ennemi à l'intérieur, c'est-à-dire vers son côté gauche, et dans cette action tu jetteras ta jambe gauche par-dessus sa jambe droite par l'extérieur, et ta main de la bocle, comprends ton bras, tu la lui mettras à travers sa gorge du côté intérieur. De cette façon, tu pousseras ce bras fortement à l'extérieur et ta jambe gauche à l'intérieur à la manière d'un croc-en-jambe de sorte que tu le fasses tomber par terre en arrière. Note que tu n'abandonnes pas ton épée de la sienne dans ces mouvements de jambe et de bras sur celui-ci.

Chapitre 33. De l'attaque et contre à cette estrette ci-dessus à droit fil contre droit fil.

Étant conduit à ce droit fil et ton ennemi frappant de la garde de son épée dans la tienne pour pouvoir passer de son pied gauche pour faire le croc-en-jambe avec son bras droit dans ta gorge afin de te faire tomber en arrière, alors le voyant passer de sa jambe gauche vers ton côté droit, tu jetteras rapidement et fortement ta jambe droite derrière la gauche de sorte que tu lui donneras un *roverso* dans cette jambe qui sera passée pour te faire tomber. De cette façon tu l'auras trompé et ton épée ne dépassera pas la garde de *coda longa e alta* où tu resteras avec ton épée et ta bocle serrées.

Et regarde que quand tu seras conduit à droit fil contre droit fil de prendre en considération si tu es rapide des mains ou non. Si tu es rapide, tu frapperas de la garde de ton épée dans la sienne vers le haut et tu lui donneras alors un *roverso* à la cuisse sans bouger ni les pieds ni les jambes. Pour te couvrir, tu retourneras rapidement vers le haut avec l'épée en *spada in armi*, c'est-à-dire en la prenant avec ta main de la bocle, et tu te feras petit sous cette *spada in armi*. Sache que pour ceux qui sont rapides des mains, ceci est une botte propre à faire pour le plaisir. Mais quelqu'un qui est lent ne la fera jamais.

Cap. 34. Della difinitione del tertio assalto.

Adonque sapendo tu che quando serai al ditto filo dritto con el tuo nimico le dibisogno che tu stia acorto che se lui fusse presto de la mane el te batteria che tu non te acorgeresti

e pero tu starai atento che quando lui urtara in la ditta tua Spada per darte de roverso per cossa alhora tu li darai de uno roverso de gamba levata in el collo o vero in tel bracio della spada sua e questo non puo mancare

acio che tu sappi che cosa sie uno roverso de gamba levata io tel specificato qui per sempre mai io voglio che tu tirre de uno roverso traversato fugiando della tua gamba dritta in drieto e non la mettendo in terra per fino che non e tratto il ditto roverso & quando tu la fugirai tu tirarai amo do uno calcio alindrieto e questo se domanda el roverso sopra ditto.

Cap. 35. Elquale tratta secondo che si puo fare a filo dritto per filo dritto & cosi falso per falso.

Ora sappi ch'essendo al ditto filo dritto o voi a filo falso tu poifare de molte prese de spada & de molte viste e volte di Pomo come tu sai e viste de roversi e battere de dritto e viste de dritto e battere de roversi & anche viste de roversi e battere de roversi e de piu sorte e viste de roversi e battere de falsi Si che per questo non ti maraviglierai, che quando uno e condutto ali ditti dui modi de megia spada e se puo fare purassai cose

Ma te dico ben che sono poche persone che vegano lume quando loro sono alla ditta megia spada equilli che intendeno e che sapiano intrare e uscire alli ditti dui modi de megia spada voglio che tu sappi che quilli sono excellenti & perfetti giocatori & conoscano i tempi e quelli liquali non sanno larte sopraditta non pono conoscere tempi ne megi tempi & non pono essere

Chapitre 34. De la fin du troisième assaut.

Sache donc que quand tu seras au droit fil avec ton ennemi, il est nécessaire que tu sois attentif, car si lui est rapide des mains il te battra si tu n'es pas conscient.

Ainsi tu resteras attentif et quand lui frappera dans ton épée pour donner le *roverso* à la cuisse, alors tu lui donneras un *roverso de gamba levata* dans son cou ou bien dans son bras d'épée. Cela ne peut pas être manqué.

Afin que tu saches ce qu'est un *roverso de gamba levata*, je te le décris ici une fois pour toutes : je veux que tu tires un *roverso traversato* en fuyant de ta jambe droite en arrière et en ne la mettant pas par terre avant que ne soit tiré ce *roverso*. Et quand tu fuiras de ta jambe, tu la tireras à la façon d'un coup de pied en arrière. Ceci se dénomme le *roverso* ci-dessus.

Chapitre 35 Lequel traite ensuite de ce qui peut se faire à droit fil contre droit fil et aussi à falso contre falso.

Maintenant, sache qu'étant à ce droit fil, ou alors au faux fil, tu peux faire beaucoup de prises d'épée, beaucoup de feintes, de voltes de pommeau comme tu connais, feinter des *roversi* et battre du *mandritto*, feinter de *mandritto* et battre des *roversi*, et encore feinter des *roversi* et battre des *roversi*, et plus fortement feinter des *roversi* et battre des *falsi*. Donc tu ne seras pas étonné que quand quelqu'un est conduit à une de ces deux façons de la mi-épée qu'il puisse bien faire ces choses.

Mais je te dis qu'il y a bien peu de personnes qui voient la lumière quand ils sont à cette mi-épée. Je veux que tu saches que ceux qui comprennent et qui savent entrer et utiliser ces deux façons de la mi-épée sont d'excellents et de parfaits joueurs ainsi que des connaisseurs des temps. Ceux qui ne connaissent pas l'art ci-dessus ne peuvent pas connaître les temps, ni les

perfetti giocatori avenga idio che quando loro giocano con alchuni giocatori che qualche volta toccano altrui ma non lo toccane pero per suo sapere ma lo toccano per ventura e questo sie perche loro non sono fondati in larte di megia spada.

Siche per tanto io te dico che quando tu insegnerai alli tuoi scholati per l'honore tuo & per sua utilitade in el principio quando tu li harai dato inanci otto o nove giorni tu litramegierai qualche di questi stretti di megia spada fra megio alle altre botte e a questo modo tu li farai boni pratichi e forti giocatori e staranno forti alle botte & facendo tu altrimenti loro impareranno di scaramuciare perche el gioco largo insegna di scaramuciare ello stretto insegna de stare fermo alle botte & fa bono core alli ditti scholari perche in prima tu glie lihai usati e a questo modo loro se fanno buoni & saldi giocatori siche io te conforto a tenere questo ordine Ma non guardare che questi stretti o vero botte siano in brochiero picolo che anchora purassai se possono fare con spada sola come te disse disopra in spada da due mane e spada e Targa e Brochiere largo e anchora in spada e Rodella qualche una & anchora in Asta se ne puo fare come tu sai siche non te lo dismenticare.

QUI FINISSE IL PRIMO LIBRO DE L'ARTE DI BROCHIERE PICOLO CON PRESE E STRETTE INSIEME.

demi-temps, et ils ne peuvent pas être de parfaits joueurs. Dieu veuille que quand ils jouent avec d'autres joueurs que parfois ils touchent l'autre, mais ils touchent par chance et non par leur savoir, et cela est ainsi parce qu'ils ne connaissent pas l'art de la mi-épée.

Par conséquent, je te dis que quand tu enseigneras à tes élèves pour ton honneur et pour leur profit, au début après leur en avoir donné pendant huit ou neuf jours, tu leur mettras certaines de ces estrettes de la mi-épée entre les autres bottes et de cette façon tu leur feras bien pratiquer, jouer avec force, et rester fort aux bottes. Si tu fais autrement, ils n'apprendront qu'à escarmoucher, parce que le jeu large enseigne à escarmoucher alors que les estrettes enseignent à ces élèves à rester fermes aux bottes et à avoir du courage. Et parce que dès le début tu les auras initiés de cette façon alors ils deviendront de bons et fermes joueurs. Je t'invite ainsi à suivre ces règles. Et ne considère pas que ces estrettes, ou bien bottes, ne sont faites que pour la petite bocle, elles peuvent aussi se faire avec l'épée seule comme j'ai dit ci-dessus, à l'épée à deux mains, à l'épée avec la targe ou la grande bocle, quelques-unes également à l'épée et rondache. Et elles peuvent aussi se faire avec les armes d'hast comme tu sais, donc ne les oublie pas.

ICI EST FINI LE PREMIER LIVRE SUR L'ART À LA PETITE BOCLE AVEC LES PRISES ET LES ESTRETTES.

ACHILLE MAROZZO

GLOSSAIRE

Voici un glossaire des termes techniques laissés en italiens dans la traduction.

Cinghiara porta di ferro alta : sanglier porte de fer haute.

Cinghiara porta di ferro larga : sanglier porte de fer large.

Cinghiara porta di ferro stretta : sanglier porte de fer serrée, voir illustration.

Coda longa e alta : queue longue et haute, voir illustration.

Coda longa e distesa : queue longue et étendue, voir illustration.

Coda longa e larga : queue longue et large, voir illustration.

Coda longa e stretta : queue longue et serrée, voir illustration.

De gamba levata : de la jambe relevée, voir le chapitre 34.

Elza e fugie : garde et fuit, combinaison de *falso* et de *mandritto fendente*, voir le chapitre 14.

Falso : faux, défini une frappe du faux tranchant ainsi que le faux tranchant de l'épée.

Falso dritto : faux droit, frappe du faux tranchant de la droite vers la gauche.

Falso manco : faux gauche, frappe du faux tranchant de la gauche vers la droite.

Fendente : fendant, frappe de haut en bas à la verticale.

Guardia alta : guarde haute, voir illustration.

Guardia d'intrare : garde d'entrée, voir illustration.

Guardia di faccia : garde de face, voir illustration.

Guardia di sopra braccio : garde par-dessus le bras, garde avec le bras d'épée par-dessus le bras de bocle et l'épée pointant vers l'arrière.

Guardia di sotto braccio : garde par dessous le bras, garde avec le bras d'épée par dessous le bras de bocle et l'épée pointant vers l'arrière.

Guardia di testa : garde de tête, voir illustration.

In falso : en faux, frappe ou l'estoc donné avec le faux tranchant.

Mandritto: maindroit, frappe de la droite vers la gauche.

Mezzo : demi, frappe s'arrêtant avec la pointe vers l'adversaire.

Molinello : moulinet, frappe armée du poignet par notre extérieur.

Montante : montant, frappe du faux tranchant de bas en haut à la verticale.

Porta di ferro alta : porte de fer haute.

Porta di ferro larga : porte de fer large.

Porta di ferro stretta : porte de fer serrée, voir illustration.

Punta : pointe, frappe d'estoc.

Redoppio : redouble, frappe diagonale de bas en haut.

Roverso : revers, frappe de la gauche vers la droite.

Segato : entaillant, sciant.

Squalembrato : oblique, frappe diagonale de haut en bas.

Spada in armi : épée en arme, prise de l'épée au milieu avec la main gauche.

Spinto : poussé.

Tondo : rond, frappe suivant une trajectoire horizontale.

Tramazzone : estramaçon, frappe armée du poignet par l'intérieur.

Traversato : traversant.

ACHILLE MAROZZO

OPERA NOVA

LES GARDES

Vous trouverez ci-après les illustrations des gardes issues du second livre de l'*Opera Nova* de 1536. Celles-ci ont été classées par famille, les gardes hautes puis les gardes basses, et regroupées ensuite suivant leur type.

ACHILLE MAROZZO
GUARDIA ALTA

GUARDIA DI TESTA

ACHILLE MAROZZO
GUARDIA DI BECA CESA

OPERA NOVA
GUARDIA DI BECA POSSA

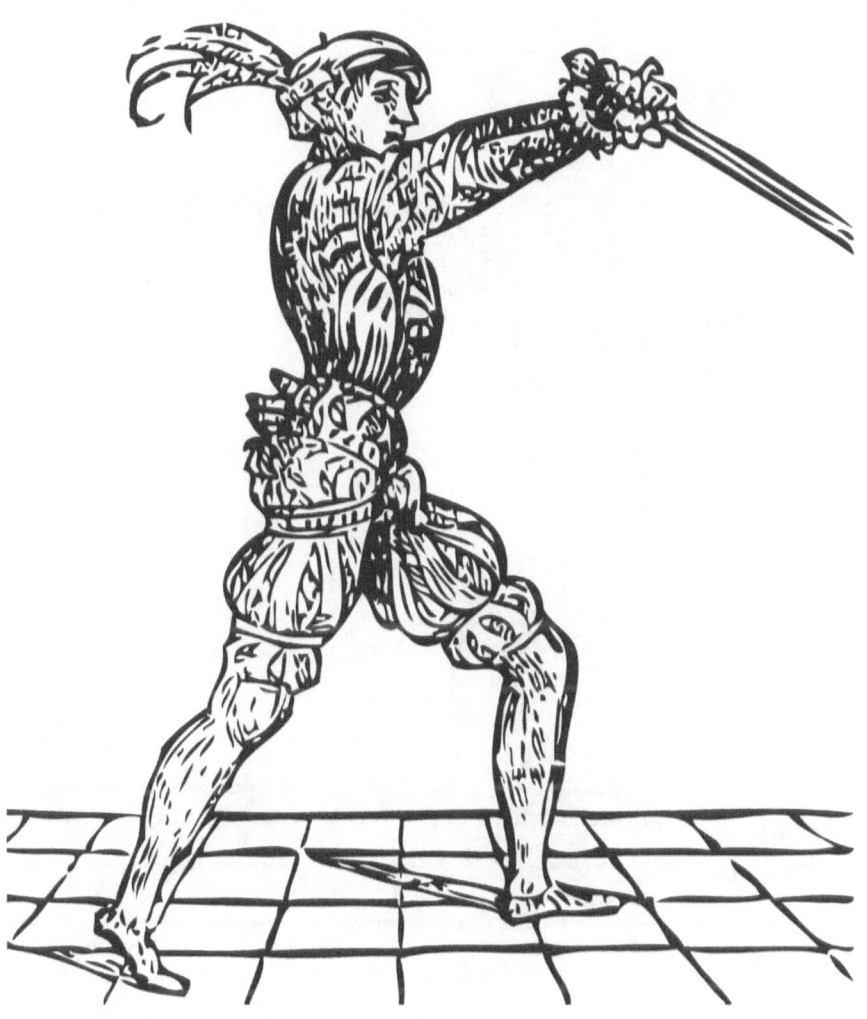

ACHILLE MAROZZO

GUARDIA D'INTRARE

OPERA NOVA

GUARDIA DI FACCIA

ACHILLE MAROZZO
PORTA DI FERRO

CINGHIARA PORTA DI FERRO

ACHILLE MAROZZO
CODA LONGA E STRETTA

CODA LONGA E ALTA

ACHILLE MAROZZO

CODA LONGA E LARGA

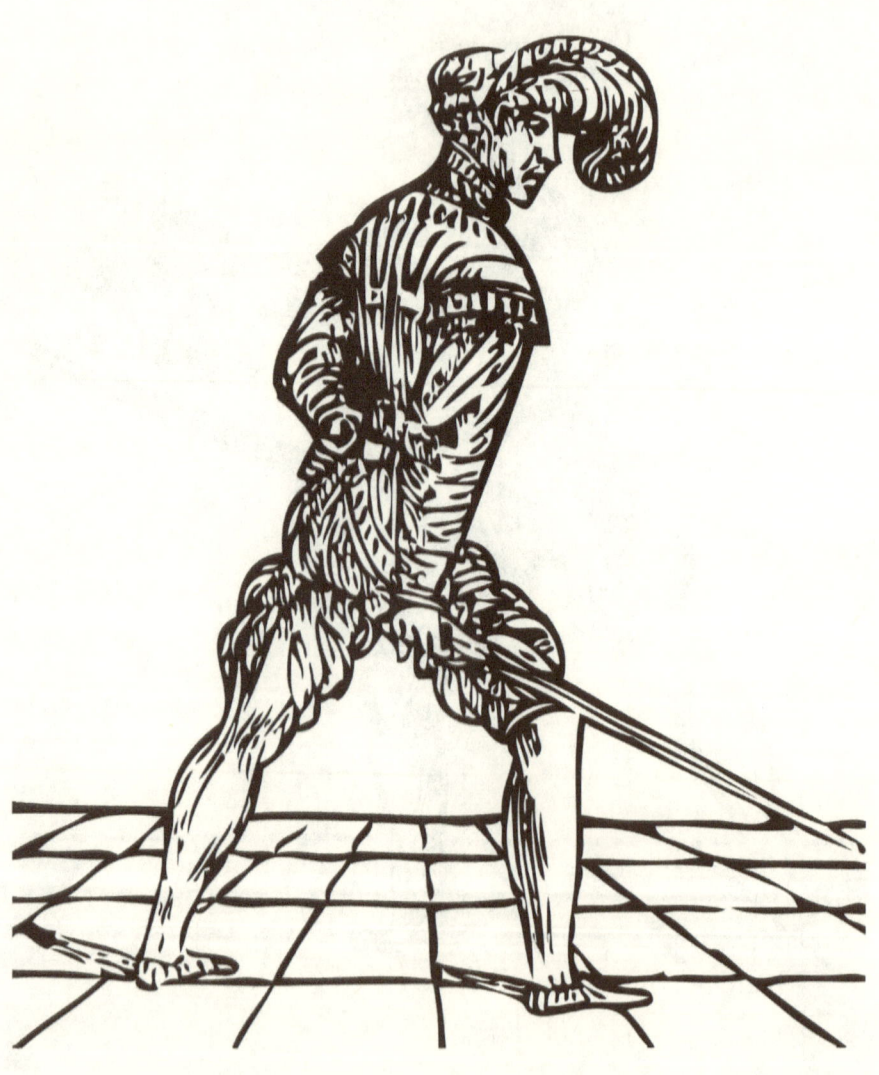

OPERA NOVA

CODA LONGA E DISTESA

ACHILLE MAROZZO

SCHÉMA DES DÉPLACEMENTS

Vous trouverez sur la page suivante le schéma des déplacements dont Marozzo parle dans le chapitre 1 et qui est donné au chapitre 144 dans le second livre de l'*Opera Nova*.

Cap. 144. Del passeggiare.

Questo sie el segno dove tu farai sopra passegiare li detti tuoi scholari de passo in passo, cosi inanci come indrieto con le armi in mano, atorno atorno, mettendo li piedi in su questi fili che traversano li segni tondi.

Chap. 144. Des déplacements.

Ceci est le schéma sur lequel tu feras passer tes élèves de pas en pas, en avant comme en arrière, avec les armes en main, tournant, retournant, mettant les pieds dans ces mêmes fils qui traversent les dessins ronds.

ACHILLE MAROZZO

SCHÉMA DES FRAPPES

Vous trouverez sur la page suivante le schéma des frappes dont Marozzo parle dans le chapitre 1 et qui est donné dans le second livre de l'*Opera Nova*.

OPERA NOVA

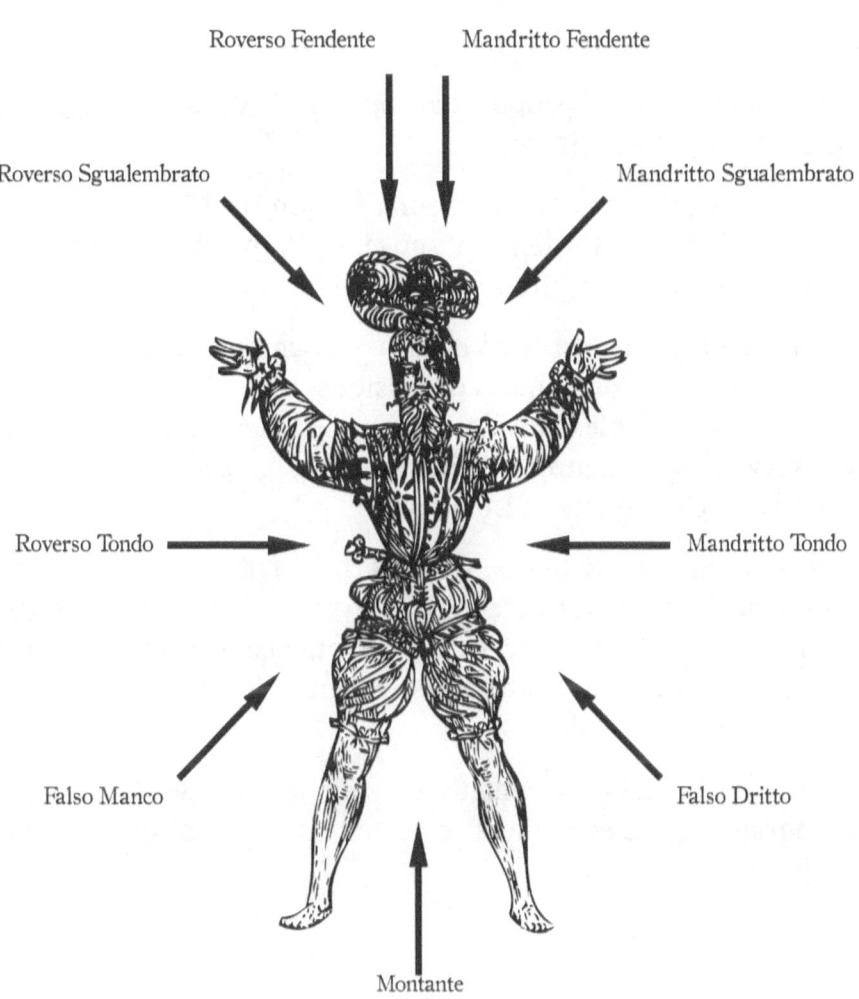

ACHILLE MAROZZO

NOTES SUR LA TRANSCRIPTION

La traduction est ici proposée accompagnée de la transcription du texte original en italien.

Cette transcription est basée sur l'édition de 1536 de l'*Opera Nova*, publiée à Modène, et mise en ligne par le Munich Digitization Center (http://www.digitale-sammlungen.de).

Bien qu'essayant de rester au plus proche du texte original, il a fallu faire quelques concessions afin de rendre cette transcription lisible. Ainsi les abréviations latines n'ont pas été conservées, par exemple *cō* a été remplacé par *con* . Les *u* ont été remplacés par *v* quand nécessaire.

Les séparations de mots sont parfois faites dans le texte d'origine à l'aide des caractères suivants : . / : , qui ont été remplacées par des espaces en conséquence. J'ai maintenu les autres ponctuations quand elles étaient adjointes à un espace dans le texte original.

Enfin, j'ai préservé les majuscules en dehors des débuts de paragraphe où les premiers mots sont parfois entièrement en majuscule.

OPERA NOVA

NOTES SUR LA TRADUCTION

Il a été décidé volontairement de laisser les termes techniques en italien, notamment les noms des gardes et des frappes, car la traduction ne me semblait pas pertinente. De plus, cela nous sert de rappel à chaque instant de l'origine de cet art. Mais vous noterez que la traduction de ces termes est proposée dans le glossaire.

L'orthographe à cette époque n'étant pas encore fixe, j'ai par contre harmonisé l'écriture de ces termes sur la version la plus moderne existante, ainsi les *megio* deviennent *mezzo* par exemple. J'ai par ailleurs harmonisé les temps de conjugaison et simplifié certaines lourdeurs et répétitions du texte original.

Je n'ai pas non plus respecté les paragraphes originaux, j'ai préféré redécouper le texte par groupe d'actions communes afin d'être plus facilement lisible. La mise en page de la transcription a été adaptée en conséquence.

ACHILLE MAROZZO

REMERCIEMENTS

Je tiens d'abord à remercier ma compagne Catherine Loiseau qui m'a soutenu tout au long de la réalisation de cette traduction et qui m'a aidé avec ses conseils de traductions et ses corrections.

Je remercie Rachel Fleurotte pour son travail de relecture et de correction.

Je remercie Bruno Castille pour son travail sur toutes les illustrations qui sont présentes dans ce livre.

Je remercie tous les membres du REGHT et des Arts d'Athéna avec lesquels je travaille réguliérement et qui m'aident à la compréhension de cet art.

Enfin, je remercie les membres du cercle Bolonais qui contribuent à la traduction des autres sources bolonaises et dont le travail m'est précieux.

A PROPOS DE L'AUTEUR

Aurélien a commencé la pratique des AMHE (Arts Martiaux Historiques Européens) en 2010 après quelques années d'escrime artistique. Son intérêt principal est tradition bolonaise qu'il essaye de diffuser le plus largement possible que ce soit à travers les traductions des traités de celles-ci, par des ateliers sur les différents stages AMHE ou encore par des articles sur son site nimico.org.

Il est aussi instructeur dans l'association REGHT (**reght.fr**) où il enseigne l'escrime bolonaise dans les diverses armes de la tradition : épée bocle, épée à deux mains, épée dague et armes d'hast.

Aurélien est aussi membre du Ludus Gallicus, groupe d'étude sur la gladiature, ainsi que du collectif Les Arts d'Athéna, cercle de recherche, de reconstitution, d'expérimentation et de promotion de la res militaria historique.

Du même auteur :

Opera Nova d'Antonio Manciolino, 2015

Plus d'informations sur l'escrime italienne de la Renaissance :

http://nimico.org

www.ingramcontent.com/pod-product-compliance
Lightning Source LLC
Chambersburg PA
CBHW021846220426
43663CB00005B/427